世界遗产视野下的
一带一路

国家图书馆 中国圆明园学会 编

编辑组

金　龙　曹丽萍　要砾闵　段宇红
刘　颖　罗林池　李　静　饶卓颖
　　　　于　茜　黄　静

商务印书馆
The Commercial Press
2017年·北京

图书在版编目(CIP)数据

世界遗产视野下的"一带一路"/国家图书馆,中国圆明园学会编.—北京:商务印书馆,2017
(学津清谈)
ISBN 978－7－100－14014－0

Ⅰ.①世… Ⅱ.①国… ②中… Ⅲ.①"一带一路"—国际合作—研究 Ⅳ.①F125

中国版本图书馆 CIP 数据核字(2017)第 128166 号

权利保留,侵权必究。

世界遗产视野下的"一带一路"
国家图书馆　中国圆明园学会　编

商　务　印　书　馆　出　版
(北京王府井大街 36 号　邮政编码 100710)
商　务　印　书　馆　发　行
北京市白帆印务有限公司印刷
ISBN 978－7－100－14014－0

2017 年 7 月第 1 版　　　开本 787×1092　1/16
2017 年 7 月北京第 1 次印刷　印张 14
定价:35.00 元

目 录

第一讲："丝绸之路"的考古认知　　　　　　　　　　　　刘庆柱　1

第二讲：世界遗产对中国文化遗产保护的影响　　　　　　　吕　舟　18

第三讲：天山廊道的丝绸之路　　　　　　　　　　　　　　陈　凌　43

第四讲：海上丝绸之路与风帆贸易　　　　　　　　　　　　姜　波　78

第五讲：清代的中西交通及其特点与作用　　　　　　　　　王开玺　89

第六讲：世界遗产视野中的"一带一路"时空解读　　　　　阙维民　111

第七讲：凿空之前：早期东西交互与丝绸之路的形成　　　　李水城　125

第八讲：丝绸之路的馈赠

　　　　——外来器物与中国文化　　　　　　　　　　　　齐东方　139

第九讲：汉代的外来文明及其华化

　　　　——以小砖拱券技术和神道石刻为例　　　　　　　韦　正　158

第十讲：夷俗并从：北朝隋唐粟特的祆教信仰与丧葬　　　　沈睿文　173

第一讲：

"丝绸之路"的考古认知

刘庆柱

1877年，德国地理学家李希霍芬的《中国》一书出版。在该书中，他将公元前114年至公元127年间，连接中国与河中（阿姆河与锡尔河之间，又称"河间"）及印度的丝绸贸易路线，称为"Seiden Strassen"，英文将其译成"Silk Road"，中文译为"丝绸之路"。这是第一次出现"丝绸之路"的命名。1910年，德国学者阿尔巴特·赫尔曼(A.Herrmann)在《中国和叙利亚间的古代丝绸之路》一书中又作了进一步阐述，并将丝绸之路延伸至叙利亚。现在，"丝绸之路"已成为古代中国、中亚、西亚之间，以及通过地中海（包括沿岸陆路）连接欧洲和北非的交通线的总称。由于中国与中亚、西亚等地的这条交通路线必须途经一段沙漠地带，所以人们又称其为"沙漠丝绸之路"（或称"绿洲丝绸之路"）。与这一名称相对，后来学术界又陆续提出"草原丝绸之路""海上丝绸之路"和"西南丝绸之路"等。那么，这些丝绸之路在历史上都起过什么作用，又是怎样被发现的呢？

一、对各条丝绸之路的基本认识

丝绸之路有多条，目前学术界认为主要有沙漠丝绸之路、草原丝绸之路、海上丝绸之路和西南（或称"南方"）丝绸之路。出现多条不同的丝绸之路是因为它们的时空特点不相同,历史作用也不一样。

草原丝绸之路在中国境内东起大兴安岭,西至新疆,再向西是南西伯利亚、中亚的北部。它始于四五千年前,也许更早。这条路是因当时的游牧民族生产生活活动而形成的。早期的草原丝绸之路实际上是一条文化交流之路,当然这种交流是游牧民族生计活动的"副产品"。秦汉时期以后,沙漠丝绸之路开通了,这条路就变成一条"辅路",所起的作用不像以前那么大了。

现在一般所说的丝绸之路是指沙漠丝绸之路。沙漠丝绸之路以张骞通西域为开端,笼统地说,此路自陕西西安经甘肃、新疆,出境后经中亚、西亚至南欧意大利威尼斯,东西直线距离7000公里,在中国境内长达4000公里。

沙漠丝绸之路是西汉王朝官方开辟的一条"政治之路""外交之路"。就当时而言,"文化交流"和"商贸活动"是它的"副产品"。张骞出使西域的目的是要与西域(今新疆)三十六国及中亚各国建立友好关系,西域地区的酋长们也渴望摆脱匈奴的统治,加入到汉王朝统一的国家政体中。现在有一种看法,认为沙漠丝绸之路是因丝绸贸易而形成的,但是无论文献记载还是考古发现,都证明西汉王朝开辟丝绸之路的目的,不是为了贸易。那时,通过这条路线来中国内地从事包括丝绸贸易的是中亚商人。迄今为止,在中国境内出土的骆驼俑的牵驼俑均为"胡人",还没有发现一例汉人牵驼俑,这说明当年丝绸之路上的商人是"单向"的。来往于丝绸之路经商的胡人主要是"粟特人",在洛阳出土的唐代胡商俑,及西安、太原、宁夏固原等地考古发现的粟特人墓葬[1],再现

---

[1] 陕西省考古研究所:《西安北周安伽墓》,文物出版社,2003年;西安市文物保护考古所:《西安北周康业墓发掘简报》,《文物》2008年第6期;西安市文物保护考古研究院编著,杨军凯著:《北周史君墓》,文物出版社,2014年;山西省考古研究所等:《太原隋虞弘墓》,文物出版社,2005年。

了这个经商民族的特征。粟特人是进入中华帝国最多的中亚人[①]。

西南丝绸之路又称"蜀—身毒道"或"南方丝绸之路"。西南丝绸之路是从中国西南的四川成都、云南大理，经保山、腾冲、盈江到达缅甸境内的八莫，从八莫到印度，又从印度至中亚、欧洲。有学者提出，西南丝绸之路可以分为东路、中路与西路。东路是由成都、贵州西北、广西、广东至南海；中路是由成都、云南、步头道、桑道至越南；西路有身毒道和五尺道两条，二者均经云南、缅甸至印度。

西南丝绸之路是一条商贸之路，文化交流是其"副产品"。它的商贸活动主要在民间，比沙漠丝绸之路还要早。《汉书》记载，张骞出使西域时，在阿富汗就见到了来自中国四川的"竹杖"和"蜀布"，这些东西是从四川经云南、缅甸到印度，然后又北上转运到阿富汗[②]。有学者根据近年来四川三星堆遗址、金沙遗址出土的象牙等遗物可能来自印度，推测大约夏商时代中国西南地区已经与南亚次大陆有了来往与交流，也就是说，西南丝绸之路的产生可以上溯至夏商时代。

由于西南地区铜鼓多，有人又将西南丝绸之路称作"铜鼓之路"。中古时代以后，因这条道路多运送茶叶，也有"茶马古道"之称。

一般认为海上丝绸之路是从汉代开始的。《汉书·地理志》记载，南海航线最远可达印度南部东海岸之唐契普拉姆（Conjevanam）[③]。汉代中国境内的番禺、徐闻、合浦、交州等地是海上丝绸之路的早期港口，其中番禺尤为重要。后来考古发现证实，春秋战国时代，从东亚经过南

[①] 荣新江：《北周史君墓石椁所见之粟特商队》，《文物》2005年第3期。
[②] 《汉书》卷六一《张骞传》。
[③] 《汉书》卷二八《地理志》："自日南障塞、徐闻、合浦船行可五月，有都元国；又船行可四月，有邑卢没国；又船行可二十余日，有湛离国；步行可十余日，有夫甘都卢国；自夫甘都卢国，船行可二月余，有黄支国。……有译长，属黄门，与应募者俱入海市明珠、璧琉璃、奇石异物，赍黄金杂缯而往。所至国皆禀食为耦，蛮夷贾船，转送致之。……自黄支船行可八月，到皮宗。船行可二月，到日南、象林界云。黄支之南，有已程不国，汉之译使自此还矣。"

亚至西亚的海上丝绸之路已经存在。海上丝绸之路主要是进行商贸活动，也有个别政府主导的"朝贡""外交"和"文化交流"。这条丝绸之路主要不是贩运丝绸，从发现的沉船之内的"货物"来看，中古以后主要是外销中国的陶瓷。先秦至隋代以前，中国多是与西亚、中亚地区往来；南朝后期与波斯来往增多；唐宋元时期则以阿拉伯地区为多。中国唐宋元明时代的瓷器，在东南亚、中亚、南亚、西亚、北非等地多有发现，这应该是当年海上丝绸之路商贸活动的遗存。那时，陶瓷是海上丝绸之路贸易的主角，因此这条路又被称为"海上陶瓷之路"。

二、丝绸之路的考古发现与研究

历史文献上没有丝绸之路的详细描述，确认主要依据考古发现，再结合文献记载。因此可以说，近代以来人们对丝绸之路的认知，源于近代考古学传入中国。

丝绸之路是"一条线"，这条线现在已经看不到了，那么怎么知道古代有这条线路呢？"线"是由千千万万个"点"组成的，考古学正是通过对丝绸之路上若干"点"的发现，连接了已经湮没于地下、水下的"路"。

1. 草原丝绸之路的考古发现与研究

在人类史前时代，东亚、地中海、中南美、南亚次大陆等地已经形成了不同的"文化"。近百年来的考古发现说明，上述不同"文化"发展出了东亚文明与地中海文明、中南美文明等，它们之间早在远古时期已经有一定的文化交流。我国考古发现的史前与先秦时代的农作物小麦、家畜的牛羊与马（这种马是古代印欧人首先在黑海——里海北岸培育成功的）、交通工具的马车、金属冶铸、金器、玻璃器（钙钠玻璃）等，可能受到地中海文明的影响。东亚的中心地区——黄河流域的古代文明也在史前时代已经西渐。公元前四千纪后半叶，仰韶中晚期文化进入河湟地区和岷江上游；公元前三千纪前半叶，传入到黄河上游、川西北地区及河西走廊西部；公元前三千纪末，西进至新疆哈密，来自东方的蒙古人种与从新疆北部南下的原始高加索人种，在哈密发生碰撞并出现融合。西传过去的也包括农业[①]。

中国新石器时代晚期遗址出土的古玉，有些玉石的矿物成分与和田玉相似，这说明至少在新石器时代晚期，于阗（今和田）就可能与中原发生往来。先秦时代以于阗玉石制作的玉器在内地考古发现很多。1974年，殷墟妇好墓发掘、出土了500多件玉器，经过鉴定其中有相当一部分是和田玉[②]。也就是说，在3000年前和田玉料就到了东方。它传过来的线路是，从和田到吐鲁番，然后北上通过新疆北部，到了现在的甘肃、内蒙古，再南至宁夏，然后再向东，经山西、河北南部至安阳，然后再往东到了山东，这是和田玉在3000年前的传播路线[③]。与此同时，具有先秦时代特点的内地文物，也在西域遗存中屡次被考古发现，如巴泽雷克墓地出土了中国秦代漆器残片、战国时代"四山纹"铜镜等[④]。考古资料还显示，从甘肃进入新疆东部的古代先民并未停止西进的脚步，他们以哈密绿洲为基地，沿天山余脉南北两路继续西行，一路向北进入巴里坤草原、准噶尔盆地南缘、乌鲁木齐；另一路向西进入吐（鲁番）鄯（善）托（克逊）盆地。

在沙漠丝绸之路开通以后，草原丝绸之路就居于次要地位了，但是在欧亚文化交流中仍然在发挥作用。魏晋南北朝时期，鲜卑人以平城（今大同）为首都，建立了北魏王朝，并在平城开凿了中国第一个国家级的

[①] 李水城：《东风西渐：中国西北史前文化之进程》，文物出版社，2009年；郭物：《新疆史前晚期社会的考古学研究》，上海古籍出版社，2012年。
[②] 中国社会科学院考古研究所：《殷墟妇好墓》，文物出版社，1980年；中国社会科学院考古研究所：《殷墟的发现与研究》，科学出版社，1994年，第324页；张培善：《安阳殷墟妇好墓中玉器宝石的鉴定》，《考古》1982年第2期。
[③] 林梅村：《丝绸之路考古十五讲》，北京大学出版社，2006年，第59页。
[④] S.I.Rudenko, *Frozen Tombs of Siberia*, London:J.M. Dent and Sons Ltd, 1970.

石窟寺——云冈石窟。后期的草原丝绸之路，一直通到山西、内蒙古、河北、北京、辽宁等地，近年在上述地区的贵族墓葬中陆续发现了不少西亚和中亚的金银器、铜器、玻璃器、波斯萨珊朝银币、拜占庭金币、伊斯兰玻璃器等文物[①]。

公元4—11世纪，草原丝绸之路成为东北亚的国际交通路线，对中国、朝鲜和日本与西方的文化交流有着极重要的作用。草原丝绸之路从中国往东发展，进入了朝鲜半岛，然后通过对马海峡到达日本九州，日本考古发现的大量中国文物其中不少就是通过草原丝绸之路传播过去的。

2. 沙漠丝绸之路的考古发现与研究

沙漠丝绸之路首先是一条政治之路、外交之路。鉴于西域三十六国与西汉王朝的友好关系与主动愿望，汉武帝派张骞出使西域。汉王朝先后在甘肃河西走廊设立酒泉郡、武威郡、敦煌郡、张掖郡四郡，尔后在今新疆地区设置西域都护府，治乌垒城（今新疆轮台东）搞屯田，使西域成为汉王朝的一部分，西域各族成为中华民族的成员。通过多年来在新疆地区开展的考古工作，发现了沙漠丝绸之路上的汉唐王朝军政、经济设施的遗存，主要有作为社会政治平台的"城址"，军事与经济双重功能的屯田，军政功能的烽燧、亭障等。这些是中央政府在西域行使国家主权行为的重要物化载体，反映了当时西域地区的"国家主导文化"。

"城址"是国家的政治平台。据文献记载，古代国家"筑城以卫君，

[①] 磁县文化馆：《河北磁县东魏茹茹公主墓发掘简报》，《文物》1984年第4期；石家庄地区文化局文物发掘组：《河北赞皇东魏李希宗墓》，《考古》1977年第6期；河北省文化局文物工作队：《河北省定县出土北魏石函》，《考古》1966年第5期；朝阳北塔考古勘察队：《辽宁朝阳北塔天宫地宫清理简报》，《文物》1992年第7期；黎瑶渤：《辽宁北票西官营子北燕冯素弗墓》，《文物》1973年第3期；山西省文物管理委员会：《太原南郊金胜村唐墓》，《考古》1959年第9期；王克林：《北齐库狄迴洛墓》，《考古学报》1979年第3期；大同市博物馆马玉基：《大同市小站村花圪垯台北魏墓清理简报》，《文物》1983年第8期；北京市文物工作队：《北京西郊西晋王浚妻华芳墓清理简报》，《文物》1965年第12期。

造廓以守民"。中国古代史上的"城"是政治平台，都城是国家的缩影，皇宫是国家的政治中枢。不同形制的城址是不同政体的反映。以楼兰地区为例，楼兰早期的城就其平面而言有两种，一种是圆形的，一种是方形的。在汉代经营西域之前，西域的城市布局主要是受中亚影响，城的平面为圆形；张骞通西域后，楼兰城址发生变化，出现了内地特色的方城。方形城出土的遗物大多和内地基本一样，如文书和官印，它们是汉王朝在这一地区行使国家权力的物化载体。西域汉代城址是汉代中央政府管理西域的物化载体，目前考古已经发现的西域汉代城址有多座。其中以轮台和塔里木盆地南缘的罗布泊和若羌地区的汉代城址较多、较重要。

天山南麓的轮台地区最受瞩目的工作是寻找西汉在西域的早期政治中心——西域都护府遗址①，一般认为今轮台县策大雅乡的乌垒城遗址即西汉时代的西域都护府遗址②。20世纪70年代以来，考古工作者在轮台地区还勘察了阿格拉克古城、奎玉克协尔古城（柯尤克沁古城）、炮台古城、黑太沁古城、昭果特沁古城、卡克勃列克古城等城址，其中一些城址发现有汉代遗物。但是目前还不能确定汉代西域都护府遗址的具体城址③。

罗布泊和若羌地区是汉王朝在西域经营最多的地方，汉代的楼兰、鄯善古国都在这一地区。这里主要的汉代城址有布淖尔土垠遗址、LE古城、LA古城、LK古城、LL古城、"且尔乞都克古城"等。关于这些古城遗址与历史文献记载的汉代城址关系，目前学术界还存在争议。

---

① 《汉书》卷九六（上）《西域传上》：西汉神爵三年（前59）"乃因使（郑）吉并护北道，故号曰都护。都护之起，自吉置矣。……匈奴益弱，不得近西域。于是徙屯田，田于北胥鞬，披莎车之地，屯田校尉始属都护。都护督察乌孙、康居诸外国动静，有变以闻。可安辑，安辑之；可击，击之。都护治乌垒城，去阳关二千七百三十八里，与渠犁田官相近，土地肥饶"。
② 黄文弼：《塔里木盆地考古记》，科学出版社，1958年，第9页。
③ 中国社会科学院考古研究所刘庆柱、白云翔主编：《中国考古学·秦汉卷》，中国社会科学出版社，2010年，第870页。

有学者根据出土汉简等认为，古代楼兰道上的布淖尔土垠遗址，可能是西域都护府左部左曲侯或后曲侯的治所[1]；LE古城早期是楼兰国都，后期是西域长史治所[2]；元凤四年（前77），楼兰王从LE古城迁至若羌县城附近车尔臣流域的抒泥城，即"且尔乞都克古城"，作为鄯善国都城[3]；LA古城可能是西域长史治所或"楼兰之屯"的遗址[4]；LK古城可能是西汉伊循城故址，LL古城则可能是西汉伊循都尉府所在地[5]。焉耆县城西南12公里的博格达沁古城，平面大致呈长方形，周长3000多米，这是焉耆盆地最大的汉代城址。关于此城址，学术界看法不一，有焉耆国都城员渠城、尉犁国都、焉耆镇城等多种说法[6]。

北疆地区奇台县石城子有一座东汉时期的古城遗址，城址内出土过大量汉代文物。该城址有可能是曾设有汉朝官署的疏勒古城[7]。北疆是游牧民族生活的地方，也是中原王朝争夺控制草原的前哨和基地。巴里坤发现的汉永和二年（137）碑、敦煌太守裴岑大败匈奴呼衍王纪功碑、汉永元五年（93）任尚纪功碑等，反映了汉代中央政府对这里进行国家管控的历史[8]。

中古时代的北庭故城，亦称护堡子古城，在新疆昌吉回族自治州吉

---

[1] 孟凡人：《楼兰新史》，光明日报出版社，1990年，第60—83页。
[2] 林梅村：《楼兰国始都考》，《汉唐西域与中国文明》，文物出版社，1998年，第279—289页。
[3] 林梅村：《敦煌写本钢和泰藏卷所述帕德克城考》，《汉唐西域与中国文明》，文物出版社，1998年，第273—275页。
[4] 孟凡人：《楼兰新史》，光明日报出版社，1990年，第36—59页；林梅村：《丝绸之路散记》，人民美术出版社，2004年，第90页。
[5] 孟凡人：《楼兰新史》，光明日报出版社，1990年，第101—114页。
[6] 清徐松：《西域水道记》卷二，中华书局，2005年；韩翔：《焉耆国都、焉耆都督府治所与焉耆镇城——博格达沁古城调查》，《文物》1982年第4期；黄文弼：《塔里木盆地考古记》，科学出版社，1958年，第7页；孟凡人：《尉犁城、焉耆都城及焉耆镇城的方位》，《新疆考古与史地论集》，科学出版社，2000年。
[7] 薛宗正：《务涂谷、金蒲、疏勒考》，《新疆文物》1988年第2期。
[8] 戴良佐：《东疆古碑巡礼》，《新疆文物》1988年第4期。

木萨尔县城北。古城规模宏大，略呈长方形，分内、外二城。在城西北隅出土了唐代铜质官印"蒲类州之印"，还有工艺水平很高的铜狮、石狮、葡萄纹铜镜龟、开元通宝、刻花石球、下水管道及陶器等。从北庭故城城址形制与其出土遗物来看，与内地文化的一致性是显而易见的。北庭故城遗址已被批准为世界文化遗产（作为丝绸之路世界文化遗产组成部分）。

目前考古已经发现的西域唐代城址有多座，如库车县城附近的唐代安西都护府治所（亦为古龟兹国的伊罗卢城）——皮朗古城亦称哈拉墩；高昌故城，汉称高昌壁。两汉魏晋时期，戊己校尉屯驻于此，此后曾为前凉高昌郡治、麴氏高昌王国国都、唐西州州治和回鹘高昌王都。全城分外城、内城和宫城三部分，布局略似唐长安城。其中的交河故城和高昌故城也已经成为世界文化遗产（作为"丝绸之路"世界文化遗产组成部分）。

屯田是中国古代王朝在边远地区实施的一种国家军政管理与生产组织形式。屯田始于西汉时代的西域，汉代在西域屯田的屯军具有双重身份[1]。在新疆地区发现的与屯田相关的遗物、遗迹很多，如民丰县尼雅遗址发现的"司禾府印"，说明东汉在尼雅一带屯田并设有专门管理屯田事务的机构；罗布淖尔北岸土垠遗址出土的汉文木简内容，大部分与屯田有关；罗布泊北的孔雀河北岸，发现的古代大堤用柳条覆土筑成，

---

[1]《汉书》卷九六（上）《西域传上》记载："汉兴至于孝武，事征四夷，广威德，而张骞始开西域之迹。其后骠骑将军击破匈奴右地，降浑邪、休屠王，遂空其地，始筑令居以西，初置酒泉郡，后稍发徙民充实之，分置武威、张掖、敦煌，列四郡，据两关焉。自贰师将军伐大宛之后，西域震惧，多遣使来贡献。汉使西域者益得职。于是，自敦煌西至盐泽，往往起亭，而轮台、渠犁皆有田卒数百人，置使者校尉领护，以给使外者。"《汉书》卷九六（上）《西域传上》又载：西汉神爵三年（前59）"乃因使（郑）吉并护北道，故号曰都护。都护之起，自吉置矣。……匈奴益弱，不得近西域。于是徙屯田，田于北胥鞬，披莎车之地，屯田校尉始属都护。都护督察乌孙、康居诸外国动静，有变以闻。可安辑，安辑之；可击，击之。都护治乌垒城，去阳关二千七百三十八里，与渠犁田官相近，土地肥饶，于西域为中，故都护治焉。"

应为水利工程；楼兰城东郊考古发现有古代农田开垦的遗迹；米兰发现的大规模灌溉系统遗迹应该是汉代遗存；轮台县西南拉伊苏附近的轮台戍楼为唐代屯田遗址的一部分。

新疆东部至今保存的坎儿井是内地农业与农业技术同时进入东疆地区的物证。坎儿井实际上就是《史记》所载陕西渭北地区的"井渠"。《史记·河渠书》记："岸善崩，乃凿井，深者四十余丈。往往为井，井下相通行水。……井渠之生自此始。"①"井渠"产生于西汉时代的关中地区，西传至新疆。

由敦煌至库尔勒沿线筑有汉代烽燧，这些"烽燧"是中央政府的国家工程。烽燧是丝绸之路的重要文化遗产，是中国古代王朝开辟丝绸之路、保护丝绸之路的历史见证，是中国中央政府对西域实施军政管理的物化载体。借此可以说明，新疆早在两千年前已经是中国的一部分。南疆的克孜尔汉代烽燧遗址见证历史重要性，2014年被联合国教科文组织列为世界文化遗产（作为丝绸之路世界文化遗产组成部分），说明国际社会对两千年前形成的中国多民族统一国家的认同。与此相关的"河西走廊"上的汉代"玉门关遗址""悬泉置"及汉唐"锁阳城"遗址，也都作为丝绸之路的组成部分而成为世界文化遗产。

西域考古发现的"汉文化"遗存非常多。文字是人类文化的"核心文化基因"。考古发现，汉字是汉代西域地区最早的文字之一，是西域两千年来一直使用的官方正式文字。20世纪70年代末罗布泊地区清理出土了汉文简牍文书63件；且末县扎滚鲁克墓地三期文化遗存（汉晋时期）的墓葬之中出土了汉文纸文书；尼雅遗址发现8件王室木札，以汉隶写成。新疆地区考古发现的汉字材料及其书写制度，深受中原影响。这套制度传入西域应与屯守边疆的戍卒有关。汉佉二体钱的不断发现更

① 《史记》卷二九。

是西域使用汉文的重要证据。

新疆地区考古还发现很多例织锦上的汉字。如1995—1997年尼雅遗址墓地发现的汉晋时期织锦上有"延年益寿大宜子孙""长乐大明光""恩泽下岁大孰长葆二亲子孙息兄弟茂盛寿无极""安乐如意长寿无极""万世如意""世毋极锦""王侯合昏千秋万岁宜子孙""五星出东方利中国""大明光受右承福"等文字。又如罗布泊地区20世纪70年代末孤台墓地发现织锦残片上的文字"延年益寿大宜子孙""长乐明光""续世""广山""登高望""望四海贵富寿为国庆"等。这些有文字的丝绸是汉王朝"官式"文化在西域地区存在的反映，它们可能是"朝贡"历史的物化遗存。西域地方首领对汉王朝的服饰十分重视与羡慕[①]，丝绸是汉王朝馈赠他们的重要"礼品"。他们生前享用，死后随葬。这些馈赠丝绸一般都出自当地高等级墓葬中。

新疆发现的高等级墓葬的棺椁也反映出华夏传统文化的影响。1998年在若羌县楼兰古城以北出土的贵族墓葬的木棺，木棺头挡板的圆圈内绘着一只金乌，足挡板的圆圈内绘着一只蟾蜍，分别代表日、月。用金乌和蟾蜍象征日、月天象，是华夏文化的传统。中原帝王与贵族的墓葬中有很多这方面的内容，如濮阳西水坡新石器时代墓葬中的龙虎北斗图与龙虎鸟麟四象图[②]，湖北随县曾侯乙墓漆箱盖上星象图[③]，秦始皇陵地宫"上具天文，下具地理"[④]，西安交通大学西汉壁画墓天象图[⑤]，

---

① 《汉书》卷九六（下）《西域传下》：龟兹王"乐汉衣服制度，归其国，治宫室，作徼道周卫，出入传呼，撞钟鼓，如汉家仪"。
② 河南省文物考古研究所、濮阳市文物保护管理所：《濮阳西水坡》，中州古籍出版社、文物出版社，2012年。
③ 湖北省博物馆编：《随县曾侯乙墓》，文物出版社，1980年。
④ 《史记》卷六《秦始皇本纪》。
⑤ 陕西省考古研究所、西安交通大学：《西安交通大学西汉壁画墓》，西安交通大学出版社，1991年。

洛阳西汉卜千秋壁画墓[①]，洛阳浅井头西汉壁画墓[②]，洛阳西汉墓中的星象图[③]，洛阳金谷园新莽时期壁画墓[④]，山东肥城县孝堂山石刻的日、月、星象图[⑤]，等等。在新疆发现的这件两千多年前的棺椁，上面的彩绘图案显然是移植了华夏文化。

印鉴更具汉"官文化"特色。新疆出土的"汉归义羌长"铜印，印正方形，卧羊钮，阴刻篆文"汉归义羌长"。该印是古羌族人归属汉朝后，汉朝中央政府颁发给首领的官印。西域羌族散居在塔里木盆地各绿洲和帕米尔西河谷中，主要从事畜牧和狩猎，亦兼农业。

在新疆地区的汉唐遗址与墓葬中，还出土了一些汉文典籍。如：罗布泊西汉烽燧遗址中出土的《论语·公冶长》篇简，罗布泊海头遗址发现的东汉末年的《战国策》残卷和算术《九九术》残简，1993年尼雅遗址发现的《苍颉篇》残文等。此外还出土有《毛诗》《郑玄注论语》《伪孔传尚书》《孝经》《急就篇》《千字文》、薛道衡《典言》、佚名《晋史》《唐律疏义》《针经》和《佛经》等古籍抄本。

丝绸之路开通后，南亚佛教通过中亚、西域传入内地，融合中国传统的汉文化，成为汉文化圈的一种重要宗教。西域是佛教汉化的第一站，然后进入甘肃、宁夏、晋北，尔后到达内地。在内地进一步整合，最后传到朝鲜、日本、越南北部地区。

3. 西南丝绸之路的考古发现与确认

西南丝绸之路与佛教传入有关。佛教基本上从两条路线传入中国：一是通过沙漠丝绸之路从南亚、中亚传至东亚；另一条就是通过西南丝

[①] 洛阳博物馆黄明兰：《洛阳西汉卜千秋壁画墓发掘简报》，《文物》1977年第6期。
[②] 洛阳市第二文物工作队：《洛阳浅井头西汉壁画墓发掘简报》，《文物》1993年第5期。
[③] 河南省文化局文物队：《洛阳西汉壁画墓发掘报告》，《考古学报》1964年第2期。
[④] 洛阳博物馆徐治亚：《洛阳金谷园新莽时期壁画墓》，《文物资料丛刊》第9辑，1985年。
[⑤] 罗哲文：《孝堂山郭氏墓石祠》，《文物》1961年第4、5合期。

绸之路，从印度经缅甸进入中国云南、四川等地，然后沿长江流域向东至长江流域下游。西南丝绸之路的兴起应该早于沙漠丝绸之路，因为张骞出使西域时就在今阿富汗看到从印度运去的"蜀布"，也就是说在张骞"凿空"之前，中国西南地区已经与印度有了商贸、文化来往①。近年来有学者根据四川、云南的考古发现指出，西南丝绸之路可能早在夏商时代已经存在，其证据是云南大理、晋宁、曲靖和四川三星堆遗址等地发现的齿贝、四川三星堆遗址与成都金沙遗址发现的象牙，均应产于印度。如果这种看法成立的话，那么西南丝绸之路要上溯至夏商时代②。

4. 海上丝绸之路的考古发现与研究

海上丝绸之路主要是通过古代码头、沉船的考古发现，以及相关地方的考古发现探索海上丝绸之路的路线。比如在安阳殷墟发现的三千年前的甲骨文刻在龟板上，经过验证，这些龟板来自马来西亚的"亚洲大陆龟"。早在殷商时代，犀牛形象就进入中国青铜器艺术。战国秦汉时代流行铜犀牛，河北平山战国中山王墓出土错金银青铜独角犀，汉文帝的母亲薄太后南陵出土了真的犀牛骨架，汉武帝茂陵陵区出土的错金银铜犀牛，还有汉代江都王陵出土的铜犀牛，唐高祖献陵的石犀牛等，其中大多数犀牛来自南亚地区。南亚地区犀牛有不同品种，印度犀牛个体较大，而东南亚的苏门答腊犀牛个体较小。中国古代的犀牛及其作为模型的犀牛，可能与海上丝绸之路有关。

山东半岛战国古墓出土的西方玻璃珠，年代在公元前6—前3世纪，属于地中海东岸产品。汉唐时代通过海上丝绸之路来到中国的其他域外遗物，还有山东临淄西汉齐王墓发现的列瓣纹银豆；山东青州西辛村发

---

① 《汉书》卷六一《张骞传》。
② 段渝：《南方丝绸之路与古代中西交通》，教育部省属高校人文社会科学重点研究基地、四川师范大学巴蜀文化研究中心主办《三星堆文明·巴蜀文化研究动态》，2014年第1期。

现的列瓣纹银盒；广州南越王墓及南越国遗址出土的非洲象牙及象牙印章、象牙器，西亚或中亚的银盒、金花泡饰，南亚的乳香；广东汉墓出土的罗马玻璃、肉红髓石珠和多面金珠、波斯银币和银器等。江苏、福建等地古代墓葬中还出土了多面金珠、罗马玻璃、波斯孔雀蓝釉陶瓶、波斯釉陶壶等。由此可以复原一条从埃及亚历山大港，经印度、东南亚到山东半岛的古代海上交通路线。至于汉代与南北朝时期，中国北方通过海上丝绸之路与东北亚的朝鲜半岛和日本列岛的交流更为频繁，那里出土的众多汉代与南北朝时期的中国文物是最有力的历史见证。中古时代及其以后，随着欧亚大陆丝绸之路的衰落，海上丝绸之路进入了最为繁盛的时代。唐、宋、元时代，尤其是宋元时代，中国在海上丝绸之路中占主导地位，发挥着极为重要的作用，中国船队活跃在印度洋，远航至非洲东海岸。宋元时代中国的航海与造船技术居世界先进水平。

三、丝绸之路与"盛世"中国

丝绸之路最兴盛之际，也是中国最昌盛之时；哪条丝绸之路最兴盛，就说明中国哪个地区最兴盛。比如，草原丝绸之路最兴盛的时候，也是中国北部地区最兴盛的时候。为什么呢？因为它的主体文化在那里。汉唐时期国家政治中心、文化中心、经济中心以黄河流域为主，沙漠丝绸之路兴盛了。唐宋及其以后，隋炀帝大运河的开凿，国家政治中心东移、北移，首都从长安、洛阳的两京地区东移到开封，宋代以后北移到北京，经济重心移到了东部沿海，丝绸之路也就由沙漠丝绸之路为主，变成以海洋丝绸之路为主。因此，丝绸之路与"盛世"相连。沙漠丝绸之路始于张骞出使西域，汉唐也是中国古代最繁盛的时期。两大盛世"文景之治""贞观之治到开元盛世"，都在汉唐丝绸之路时期。

1. 丝绸之路与统一多民族国家和中华民族的形成、发展

草原丝绸之路最早与"中国"同步出现；沙漠丝绸之路为最初的统一多民族中央集权国家所开创，伴随着中华民族的形成与早期发展。

中国在秦朝进入帝国时代，秦始皇建立统一的、多民族中央集权国家以后，由于其急政、暴政，秦帝国很快就被推翻了。西汉王朝的建立，使统一多民族中央集权国家得到进一步发展，其中就包括丝绸之路的开通。

西汉王朝为了开通丝绸之路，首先需要排除匈奴的干扰，保障从长安通往西域、中亚的交通，为此西汉王朝在河西走廊建立了"河西四郡"，在天山南麓一带设置了西域都护府，使国家西部疆界从甘肃中部（秦代国家西界在兰州）扩展至西域（新疆），在这一社会发展中，沙漠丝绸之路发挥了重要作用。北方"南匈奴"的内附与东北地区"乐浪四郡"的设置，使汉王朝完成了北方与东北地区的国家建设。在这一历史进程中，沙漠丝绸之路与草原丝绸之路的作用是显而易见的。秦汉时代"南海九郡"的建设，使华南与东南沿海成为中华民族与古代中国的"大后方"，成为海上丝绸之路开辟与发展的国家保障与支撑。西南丝绸之路促进了西汉王朝对"西南夷"的开发。不难看出，草原丝绸之路、沙漠丝绸之路、海上丝绸之路、西南丝绸之路与中华民族、统一多民族国家形成有着十分密切的关系。

丝绸之路从开始就是一种朝贡文化，反映古代中国有容乃大、和合至上、与邻为友的传统，这种文化一直延续到中国古代社会后期的郑和下西洋。

2. 丝绸之路与古代中国走向世界

中国历史上各个王朝，真正走出中国是从丝绸之路开始的。过去只是说通过丝绸之路，国外的文化、艺术、宗教、自然物产如何传播并影响到中国。但是从世界历史的角度来说，更为重要的是中国走向世界。

因此当丝绸之路作为世界文化遗产时，强调的是"丝绸之路起点——长安"，也就是说"丝绸之路"首先是从古代中国的政治中心——长安"走向世界"，其次是世界走向中国。

近代考古学问世以来，在中亚、西亚、南亚、东北亚、东南亚、非洲等地发现了数量众多的中国古代文物。如在中亚和西亚地区的今阿富汗、哈萨克斯坦、乌兹别克斯坦，发现了汉唐时代的丝绸与中国文物；南亚印度和巴基斯坦、非洲东海岸肯尼亚等地发现了宋元时代的中国瓷器等；东北亚与东南亚朝鲜、韩国、日本、越南等地出土了青铜器、五铢钱、铜镜、印章、瓦当、丝绸、瓷器等中国古代文物。这些遗存是中国人走出国门带出去的，或外国人来华带回去的历史见证[1]。这充分说明丝绸之路使中国走向世界。

3. 丝绸之路与古代欧亚走近中国

丝绸之路使外部世界走近中国。草原丝绸之路使东北亚、海上丝绸之路使东南亚建立了与汉王朝及其以后历代王朝的密切关系，形成以古代中国为核心的"汉文化圈"或叫"儒家文化圈"。以往有一种偏见：丝绸之路被描绘成中国"被"丝绸之路了，如丝绸之路上的文化遗产被认为主要是佛教寺院与石窟，袄教、摩尼教、景教等遗存。而从世界史角度来说，中国之外的世界是"被"丝绸之路的。

汉唐王朝是丝绸之路的开拓者，首先是西域地区"被"丝绸之路影响：天山廊道的古代农业经济与史前时代后期内地农业的东渐密切相关；西域古代城址中方形的城址、屯田的遗迹与遗存、众多汉唐烽燧遗址以及现存的坎儿井等，都是丝绸之路影响西域。丝绸之路开通后，汉字成为西域的官方文字，以汉字为主的文献典籍、汉字印章、高级服装上的汉字、石碑上的汉字、货币上的汉字，这些发现说明汉文化

---

[1] 中国社会科学院考古研究所刘庆柱、白云翔主编：《中国考古学·秦汉卷》，中国社会科学出版社，2009年。

的西传。佛教虽然通过丝绸之路传入中国，但传入中国后的佛教被汉化，被融入儒家文化的佛教连同道教、儒学，发展为三教合一的中华传统宗教文化，使佛教的中心从南亚转到东亚、中国。

此外，汉唐与中古时代以后，随着沙漠丝绸之路与海上丝绸之路的进一步发展，中国四周东西南北的域外文化大量传入有着"和合文化"基因的广袤中国。如东北亚的遣唐使、北宋开封城的犹太商人、宋元时代泉州的伊斯兰商人、京杭大运河上的东南亚国家来华元首与使者、北京的古代景教寺院、元代来华的意大利旅行家马可·波罗等，他们来到中国，认识与了解中国，促进了中外文化与经济的交流，也启迪了中国人了解世界的兴趣。

总之，古代的四条丝绸之路中，沙漠丝绸之路最重要，因为这条丝绸之路关系到中国汉唐王朝盛世的国家安全和发展，关系到汉唐王朝"和合外交"的实施，关系到古代世界东西方文化的交流。

第二讲：

世界遗产对中国文化遗产保护的影响

吕 舟

国际文化遗产保护运动从18—19世纪欧洲一些国家对于考古遗址和纪念物的保护开始，到20世纪中期以后逐步形成一个国际潮流。这个潮流尽管存在着多样性的保护观念和原则，但在基本价值观和保护所要达到的目的方面依然形成了较为一致的共识。在文化遗产保护潮流的发展过程中，联合国教科文组织通过世界遗产项目发挥了核心的作用。

联合国教科文组织通过世界遗产项目建立起了一个在文化和自然遗产保护领域有效的国际治理机制。这一机制是通过《保护世界文化和自然遗产公约》形成各国对于遗产价值和保护的共识，通过公约确定的专业咨询机构为遗产保护提供专业支持，缔约国政府则通过世界遗产委员会发表自身对遗产保护、遗产与当代社会发展之间的关系的看法，并通过协商一致的方式做出最终决定，联合国教科文组织则通过作为世界遗产公约秘书处的世界遗产中心定期修订《实施世界遗产公约操作指南》来调整和指引世界遗产的发展方向。从这一意义上看，世界遗产项目反映了国际遗产保护领域专业方面的要求和标准，反映了各缔约国的诉求，也反映了联合国教科文组织对世界未来发展的预计。这样一种机制使得世界遗产成为今天世界文化和自然遗产保护的核心和样板，对世界各国的保护形成了巨大的影响。

中国现代文物保护观念始于20世纪初，1930年民国政府颁布《古物保存法》，1931年颁布《古物保存法施行细则》。由朱启钤创立的中国营造学社开始对古代建筑进行调查和研究，梁思成等先生基于对古代建筑的调查，提出了维修与修复的基本思想，这些思想构成了中国古代建筑保护的基础。20世纪50年代以后，中国逐步展开对重要古代建筑的保护修缮工作，包括永乐宫的搬迁、正定隆兴寺部分早期建筑的保护、赵州桥的保护等项目。这一时期在苏联战后历史建筑修复思潮的影响下，中国古代建筑的保护方面从20世纪30年代开始的修复思想被进一步强化，成为文物保护的基本原则。在经过60年代和70年代的发展后，中国文物保护已形成了一个较为完整的体系。由于这一时期中国与外部世界的联系极为有限，这种情况造成了中国的文物保护（主要是历史建筑的保护）体系与国际文化遗产保护运动成为两条并行发展的脉络。

这种并行的状态在20世纪80年代出现了变化。由于中国在1978年开始实施"改革开放"政策（即对内改革，对外开放），与外部世界的接触迅速扩大，而外部世界也希望中国更多地参与和融入整个世界的发展过程当中。80年代，中国文物保护的一些重要事件和国际合作促进了中国文物保护体系与国际文化遗产保护运动的交集与碰撞。80年代初期设在罗马的国际文化财产保护与修复研究中心（ICCROM）[①]向尚不是其成员国的中国提供人员培训，ICCROM的主任、英国文物保护专家B. M. 费尔顿爵士1982年到北京清华大学为清华大学与国家文物局合办的文物保护培训班讲授国际文化遗产保护原则。这一系列的培训使得当时一些重要的国际文化遗产保护宪章被介绍进入中国，如《威尼斯宪章》。

1985年12月中国正式加入《保护世界文化和自然遗产公约》，成为这一公约的缔约国。中国在1987年申请将北京故宫、长城、周口店

[①] ICCROM，成立于1959年，是文化遗产领域唯一的政府间国际组织，为成员国文化遗产保护提供培训和技术支持。ICCROM也是联合国教科文组织《世界遗产公约》确定的专业咨询机构。

猿人遗址、敦煌莫高窟、秦始皇陵、泰山等6处遗产地申报世界文化遗产并获得成功。1988年联合国教科文组织派遣专家组对中国世界遗产保护状况进行评估，并提出了他们的建议。

1989年，意大利政府按照意大利文物保护中心实验室的模式签约建设设在西安的陕西文物保护与修复中心。

这一时期另一个最为重要的事件是中国颁布了《中华人民共和国文物保护法》。如果把这一文物保护法与1972年的《保护世界文化和自然遗产公约》相对照，不难看出，二者在对保护对象价值的认知上是基本一致的。这也导致了中国在世界遗产的层面能够迅速地展开有效的工作。

一、关于《威尼斯宪章》的原则及在中国的讨论

《威尼斯宪章》作为现代国际文化遗产保护的基本文件，它提出的保护原则对《世界遗产公约》中关于文化遗产的保护具有重要的影响。作为《世界遗产公约》规定的关于文化遗产评估方面的专业咨询机构，国际古迹遗址理事会（ICOMOS）在很长一段时间中不仅接受《威尼斯宪章》作为它的第一部国际宪章，而且也在其相关的宪章和世界遗产（文化遗产）的保护中强调了《威尼斯宪章》的原则。

在中国文物保护中始终存在一个问题，即是否恢复文物建筑始建时的原貌。从20世纪50年代直到90年代，很多文物保护领域的专家倾向于认为文物建筑始建时的面貌更能体现它所具有的价值，普遍认为在条件具备的情况下（包括对建筑原貌充分、可靠的研究成果）应当恢复建筑始建时的面貌。一些专家提出恢复原状是文物保护的最高追求，保

存现状则是最低要求①。在修缮经费极为有限、保护局限于加固的情况下，这一问题尚不突出，但当保护经费较为充裕时，修复便成为人们乐于选择的保护方法，修复后的建筑则往往较之修复之前在形式、特征上都发生了很大的变化。这种情况在 80 年代表现得越来越突出。针对这样的问题，部分学者在《威尼斯宪章》被介绍到中国之后，开始用《威尼斯宪章》的原则来评价文物建筑的复原问题。

支持《威尼斯宪章》的一方认为，文物保护是要保护文物所具有的历史见证价值，应当尽可能保护历史建筑在历史过程中形成的特征、面貌，应当避免改变这种面貌的复原。反对《威尼斯宪章》的一方认为，《威尼斯宪章》是欧洲以砖石建筑为主体的历史建筑保护中产生的原则，并不适用于中国以木结构建筑为主体的文物保护基本情况，木材作为一种易腐朽材料，无法像砖石材料那样进行保护。这些争议影响了中国历史建筑保护原则的形成，也影响了中国文物保护的发展。保护思想和实践中的这种分歧，导致了在相关的文物保护法规中采用了较为含混或折中的表达，如"核定为文物保护单位的革命遗址、纪念建筑物、古墓葬、古建筑、石窟寺、石刻等（包括建筑物的附属物）在进行修缮、保养、迁移的时候，必须遵守不改变文物原状的原则"②。但这种含混和折中显然无助于真正解决历史建筑保护所面临的基本问题。

作为《世界遗产公约》的缔约国，从指导世界遗产和各级文物保护单位的保护工作的角度，中国国家文物局更侧重把《威尼斯宪章》的原则与中国的文物保护体系相关联，形成一个既符合国际文化遗产保护基本原则，又体现中国已经形成的文物保护观念的保护体系，这就需要把以《威尼斯宪章》为代表的国际文化遗产保护原则用中国的保护概念去加以阐述，并对文物建筑保护中的复原行为做出严格的限制。1997 年，

---

① 中国文物研究所：《祁英涛古建论文集》，华夏出版社，1992 年，第 28 页。
② 国家文物事业管理局：《新中国文物法规选编》，文物出版社，1987 年，第 125 页。

国家文物局与美国盖蒂保护研究所合作，组织了"中国文物古迹保护纲要"合作研究课题，成立了由中国文物研究所，各省、自治区、直辖市文物保护机构人员组成的课题组，盖蒂研究所专家则推荐了澳大利亚遗产委员会参与课题研究。课题最终形成的成果被定名为《中国文物古迹保护准则》，并在2000年通过成果评审，由国家文物局推荐实施。《中国文物古迹保护准则》的序言清楚地对这一文件的目的做了表达："中华人民共和国成立以后，在有效保护了一大批濒于毁坏的古迹的同时，形成了符合中国国情的保护理论和指导原则，并由国家颁布了《中华人民共和国文物保护法》和相关法规。在此基础上，参照以1964年《国际古迹保护与修复宪章》（《威尼斯宪章》）为代表的国际原则，特制定本《准则》。①"

如果把《准则》的内容与《威尼斯宪章》进行对照，可以更为清楚地看到这种关系。《准则》的第三章明确了文物古迹保护的十条原则，即："必须原址保护"；"尽可能减少干预"；"定期实施日常保养"；"保护现存实物原状与历史信息"；"按照保护要求使用保护技术"；"正确把握审美标准"；"必须保护文物环境"；"已不存在的建筑不应重建"；"考古发掘应注意保护实物遗存"；"预防灾害侵袭"。其中"必须原址保护"对应了《威尼斯宪章》第七项的内容："一座文物建筑不可以从它所见证的历史和它所从产生的环境中分离出来"；"尽可能减少干预"对应了《威尼斯宪章》第十一、十三项的内容："各时代加在一座文物建筑上的正当的东西都要尊重"，"不允许有所添加"；"保护现存实物原状与历史信息"对应《威尼斯宪章》第三、十一项的内容："保护和修复文物建筑，既要当作历史见证物，也要当作艺术作品来保护"，"各时代加在一座文物建筑上的正当的东西都要尊重"；"按照保护要

---

① 《中国文物古迹保护准则》，盖蒂保护研究所，2002年，第3页。

求使用保护技术"对应《威尼斯宪章》第二、十项的内容："必须利用有助于研究和保护建筑遗产的一切科学和技术来保护和修复文物建筑"，"当传统的技术不能解决问题时，可以利用任何现代的结构和保护技术来加固文物建筑，但这种技术应有充分的科学根据，并经实验证明其有效"；"正确把握审美标准"对应《威尼斯宪章》第九、十一、十二项的内容："修复……它必须尊重原始资料和确凿的文献。它不能有丝毫臆测。任何一点不可避免的增添部分都必须跟原来的建筑外观明显地区别开来，并且要看得出是当代的东西"，"各时代加在一座文物建筑上的正当的东西都要尊重，因为修复的目的不是追求风格的统一"，"补足缺失的部分，必须保持整体的和谐一致，但在同时，又必须使补足的部分跟原来部分明显地区别，防止补足部分使原有的艺术和历史见证失去真实性"；"必须保护文物环境"对应《威尼斯宪章》第六项的内容："保护一座文物建筑，意味着要适当地保护一个环境。任何地方，凡传统的环境还存在，就必须保护"；"已不存在的建筑不应重建"对应《威尼斯宪章》第十五项的内容："预先就要禁止任何的重建。只允许把还存在的但已散开的部分重新组合起来"；"考古发掘应注意保护实物遗存"对应《威尼斯宪章》第十五项的内容："遗址必须保存，必须采取必要的措施永久地保存建筑面貌和所发现的文物"。

针对中国文物保护中一直存在的"原状"和"现状"之争，《准则》在阐释部分，对什么是必须保护的现状和什么是可以修复的原状进行了明确的限定：

"不改变文物原状的原则可以包括保存现状和恢复原状两方面内容。

必须保存现状的对象有：

1. 古遗址，特别是尚留有较多人类活动遗迹的地面遗存；

2. 文物古迹群体的布局；

3. 文物古迹群中不同时期有价值的各个单体；

4. 文物古迹中不同时期有价值的各种构件和工艺手法；

5. 独立和附属于建筑的艺术品的现存状态；

6. 经过重大自然灾害后遗留下有研究价值的残损状态；

7. 在重大历史事件中被损坏后有纪念价值的残损状态；

8. 没有重大变化的历史环境。

可以恢复原状的对象有：

1. 坍塌、掩埋、污损、荒芜以前的状态；

2. 变形、错置、支撑以前的状态；

3. 有实物遗存足以证明为原状的少量缺失部分；

4. 虽无实物遗存，但经过科学考证和同期同类实物比较，可以确认为原状的少量缺失和改变过的构件；

5. 经鉴别论证，去除后代修缮中无保留价值的部分，恢复到一定历史时期的状态；

6. 能够体现文物古迹价值的历史环境。[①]"

显然，作为文物保护行业的指导性和规范性文件，《中国文物古迹保护准则》反映了中国文物保护与以《威尼斯宪章》为代表的国际现代文物保护原则的融合。这一融合也成为中国主流文化遗产保护观念发展的基础。

二、关于"真实性"问题的讨论

真实性问题尽管在欧洲文化遗产保护中是一个极为古老的问题，但强调物质真实性的观念与东方哲学中强调变化、流动、相对性的观念相较而言存在着很大的差别。对于中国文物保护而言，"真实"的表述尽

---

① 《中国文物古迹保护准则》，盖蒂保护研究所，2002年，第17页。

管存在于对古代建筑复原的评价中,但真实性作为评价标准的使用,同样也受到世界遗产的影响。1977年第一版《实施世界遗产公约操作指南》明确提出"遗产应当经过设计、材料、工艺和地点环境方面真实性的检验;真实性不局限于原始的形式与结构,它还包含了在遗产艺术和历史价值形成过程中后来出现的改动和添加"[①]。1985年中国加入《世界遗产公约》后,1987年开始申报列入世界遗产名录的遗产地。尽管需要对遗产地的真实性进行评价,但除了普遍认为重建的项目不应列入申报名录之外,并未引起广泛和深入的讨论,甚至没有出现普遍的关注,对申报项目真实性的表述也大多流于形式。真正在中国引发关于真实性问题讨论的是在1994年应世界遗产委员会决议召开的关于对真实性标准进行回顾的奈良会议之后,特别是《奈良真实性文件》被介绍到中国之后。90年代后期展开的关于真实性的讨论事实上还是基于对《威尼斯宪章》层面的认识和理解,由于《实施世界遗产公约操作指南》直到2005年才反映出《奈良真实性文件》中关于真实性的表述,这一时期在中国关于真实性问题的讨论也多侧重于物质存在的方面,并没有涉及《奈良真实性文件》讨论的更为广泛的整体文化的范畴。值得注意的是,在中国关于"authenticity"的翻译上也出现了有趣的区别,官方渠道的翻译使用了"真实性",而部分学者则提出追溯词源应当译为"原真性"。这造成了一些人在讨论这一问题时的望文生义,出现了所谓"四原"的原则。2005年,在一次古代建筑专家和匠师的会议上提出的《曲阜宣言》对"四原"的原则做了清晰的表达:"以木结构为主体的文物古建筑是由砖、瓦、石、木材以及其它材料,经历代能工巧匠精心设计,巧妙施工,潜心装饰,付诸心血和智慧而具有科学价值、艺术价值和历史价值的。因此,对于损坏了的文物古建筑,只要按照原型制、原材料、原结构、原工艺

---

① UNESCO,Operation Guiderline 1977, CC-77/CONF.001/8 Rev, p.3.

进行认真修复，科学复原，依然具有科学价值、艺术价值和历史价值。按照'不改变原状'的原则科学修复的古建筑不能被视为'假古董'。"这是一种具有代表性的观点，它本身反映了中国传统的古代建筑修缮观念与现代文物保护观念的冲突，也造成了对某种程度的重建的鼓励。

值得注意的是，这一时期关于真实性的讨论，增加了人们对物质遗存真实性问题的关注，也把对《威尼斯宪章》原则的认识，提升到一个理论的层面上去讨论。这无疑对中国整体的文物保护，特别是2004年以后从文物保护向文化遗产保护的发展具有重要的意义。

作为真实性问题讨论的延伸，2007年在北京召开的"东亚地区文物建筑保护理念与实践国际研讨会"是一个重要的事件。2008年北京将主办夏季奥林匹克运动会，为迎接这一活动，北京举行了大规模的城市基础设施改造和建设，其中也包括重要文物建筑，特别是故宫、天坛、颐和园等世界遗产的维修工程。这些保护工程引起了世界遗产委员会的关注，在2006年的大会决议中要求中国政府对这些工程的情况进行说明，并要求举办文化遗产保护领域的国际会议对这些工程进行讨论。2007年的会议便是在这样的背景下进行的。

这一时期关于真实性的讨论已经进入到一个新的阶段，即在2005年版的《实施世界遗产公约操作指南》中，已经将《奈良真实性文件》的内容全部纳入，强调了真实性包括"形式与设计、材料与物质、用途与机能、传统与技术、区位与场合、精神与感情，以及其他内在或外在之因素"[①]。并在《奈良真实性文件》的基础上还增加了"语言及其他形式的非物质遗存"。这种表述实际上是强调了物质遗产保护与非物质遗产保护在世界遗产上的结合，强调了世界遗产已经从强调对物质遗存的保护向对作为整体的体现文化多样性的传统文化的保护。这种对于真

[①] 中国国家文物局等：《国际文化遗产保护文件选编》，文物出版社，2007年，第280页。

实性的认识，在2007年北京召开的"东亚地区文物建筑保护理念与实践国际研讨会"得到了进一步的讨论和在实践案例上的印证。在这次会议最后通过的"北京文件"中提出："文物建筑与遗址本身作为信息来源具有根本的重要性，体现在诸如形式与设计、原料与材料、用途与功能、位置与环境，以及传统知识体系、口头传统与技艺、精神与情感等因素中。任何维修与修复的目的应是保持这些信息来源的真实性完好无损。在可行的条件下，应对延续不断的传统做法予以应有的尊重"[1]，并强调"文化遗产的根本特征是源于人类创造力的多样性，文化多样性是人类精神和思想丰富性的体现，也是人类遗产独特性的组成部分。因此，采取审慎的态度至关重要。修复过程中必须充分认识到遗产资源的特性，并确保在保护和修复过程中保留其历史的和有形与无形的特征"[2]。"东亚地区文物建筑保护理念与实践国际研讨会"是一次对以中国传统的木结构建筑保护方法为代表的东亚文物保护方式的回顾和反思，涉及从保护观念到保护技术各个层面的问题，促进了从真实性角度对保护，特别是保护所要达到的目的和效果的思考。会议表达了在当代社会条件下，特别是在各种技术手段高度发展的条件下，要真正实现真实性的保护应当突出传统技术与当代技术的密切结合。在这次会议的基础上，2008年中国又专门召开了关于彩画保护的国际会议，讨论了古代建筑彩画在当代社会文化背景下和当代技术基础上的保护问题。

三、关于世界遗产类型发展的影响

2004年第28届世界遗产委员会大会在苏州召开，媒体大量且持续的报道，大量关于世界遗产的展览、出版物也引发了社会对于世界遗产

---

[1] 中国国家文物局等：《国际文化遗产保护文件选编》，文物出版社，2007年，第383页。
[2] 同上书，第382页。

的深度关注。同时中国文物保护界也认识到了文物保护与世界遗产中文化遗产的差异，特别是世界遗产的类型、申报世界遗产的方法、真实性与完整性的表述等方面都有许多值得思考的问题。

2006年开始由国家文物局主办、无锡市政府承办的每年一届的"中国文化遗产保护无锡论坛"对在世界遗产保护中出现的新的保护类型进行研讨，并将相关的保护观念、理论、方法介绍到中国。事实上，"中国文化遗产保护无锡论坛"也是中国从文物保护跨越到文化遗产保护的重要标志。2006年第一届无锡论坛关注的主题是工业遗产的保护；2007年第二届无锡论坛的主题是乡土建筑遗产的保护；2008年第三届的主题是20世纪建筑遗产的保护；2009年第四届的主题是文化线路遗产的保护；2010年第五届的主题是文化景观的保护；2011年第六届的主题是运河遗产的保护；2012年第七届的主题则是关注1972年《世界遗产公约》通过四十年来，世界遗产对于世界可持续发展的影响，论坛的主题为："世界遗产：可持续发展。"

无锡论坛关于遗产类型的讨论直接影响了中国文化遗产保护的发展，例如2006年关于工业遗产保护的讨论，正值中国工业发展进入产业结构调整和产业升级的阶段，工业遗产的保护和利用问题引发了一批拥有大量工业建筑的城市对这一问题的关注，工业遗产的保护和利用被视为城市新的发展动力。从南方的广东，到北方的黑龙江，都把工业遗产的保护和利用作为一个城市发展的重要问题来讨论。出现了从青岛啤酒厂到无锡的面粉厂，从上海的屠宰场到沈阳的铸造厂等一批工业遗产保护和利用的重要案例。对上海江南造船厂的保护促进了2010年上海世界博览会对江南造船厂工业厂房在博览会中的利用，北京对"798"等50年代工业厂房的利用则激发和促进了中国当代艺术的快速发展。工业遗产的保护促进了中国文化遗产保护对利用问题的关注和思考，由于国家体制，尽管在中国的文物保护法中提出了对文物合理利用的内容，但保护更强调政府的持续投入，这也在一定程度上造成了中国文物保护与社会需求脱节的问题，而工业遗产保护中出现的大批有效和合理利用的案例，无疑促进了中国文物保护对利用问题的进一步讨论，这一讨论在2013年达到高潮。

乡土建筑遗产的保护在中国一直是一个困扰较多的问题，中国长期以来以国家和各地政府为主导的文物保护体系，强调保护的公共属性，习惯于通过收购等方式将列入文物保护单位的建筑转变为博物馆或开放供公众游览的场所，但对于大量存在的乡土建筑遗产而言，这种方式显然是不适合的，如何在保护中充分考虑村民对使用的要求，如何兼顾保护与改善村民生活条件，如何促进乡村社会的发展，都是乡土建筑遗产保护需要面对和解决的问题。另外，乡土建筑遗产与整体的体现传统信仰和自然观的乡村环境，以及可持续的土地资源利用方式的关系等也都是保护中一直引发广泛争议的问题，对这些问题的讨论本质上是文物保护与文化遗产保护的分野，大量有关实践案例的介绍活跃了对这些问题的讨论，促进了对保护与社会发展关系的思考，也促进了2015年修订的《中国文物古迹保护准则》对相关问题表述的形成。

20世纪建筑遗产的保护促进了对保护技术和保护对象价值认识的讨论。对中国而言，长期以来一直悠久而持续的文化传统和历史，强调对古代建筑的保护，特别是古代木结构建筑的保护。尽管从20世纪50年代开始就提及近现代建筑的保护问题，但所关注的对象大多是与中国近现代革命运动相关的所谓纪念建筑的保护问题，由于政治观念的影响，一些重要的反映新的建筑技术、审美趣味的建筑往往被归类为帝国主义侵略的产物或与某些大的资本财团相关的建筑而未能成为被保护的对象，一些地方政府因此出台了针对这类建筑的地方性保护措施，如划定"优秀近现代建筑"等措施。1990年北京市公布第四批市级文物保护单位时，将现由北京大学使用的"原燕京大学未名湖区"列入保护单位名单时就遭到了部分北大教师的强烈反对,以至于在2001年将同一区域的相同建筑列入第五批全国重点文物保护单位时的名称就被改为"未名湖燕园建筑群"。类似的争议在许多近现代建筑的保护中都一直存在。这一类型的保护对象在1996年之前一直被称为"革命遗址及革命纪念建筑",1996年公布第四批全国重点文物保护单位名单时,这一类型才被改为"近现代重要史迹及代表性建筑"。

2008年无锡论坛中关于20世纪建筑遗产的讨论不仅从保护的角度讨论了20世纪建筑遗产的保护技术问题,更重要的是介绍了关于中国近现代建筑史的研究情况,以及世界建筑史中关于20世纪建筑历史的研究,强调了从建筑艺术与技术的角度对20世纪建筑遗产价值的认识,同时也讨论了20世纪建筑遗产原有功能的延续对建筑保护的意义。这些讨论无论在对保护对象的价值认知还是保护、利用方面都具有重要的意义,从本质上是从对对象的物质遗存的保护到对其体现的包括文化价值、社会价值在内的综合价值的保护,这种转变同样意味着从单一价值向复合价值认识的转变,从文物保护向文化遗产保护的转变,从单纯物质遗存的保护向保护与利用并重的转变。

2009年关于文化线路遗产的讨论,是在国家文物局推动丝绸之路申报世界遗产的背景下进行的。当时国家文物局已经委托专业机构对国际文化线路类型的遗产进行了系统的研究,同时是在对丝绸之路的核心价值进行了专题研究的基础上进行的,其目的是促进沿线各地政府及参与丝绸之路申遗工作的机构和专家能够更清晰地认识文化线路遗产所体现的价值以及相关遗产要素遴选、申报、保护的方法和路径。论坛中还讨论了中国其他可能的文化线路问题。2009年无锡论坛关于文化线路遗产的讨论,以及2014年丝绸之路被列入世界遗产名录极大地促进了中国对线路遗产的认识,促进了之后对于"蜀道""茶马古道""万里茶道"以及"长征文化线路"的讨论。由于文化线路引发的多地政府、专业机构协同关注和保护同一保护对象的情况，其意义已经远远超出保护对象本身，而对于中国文化遗产保护体系的调整都具有极为深刻的影响。

2010年无锡论坛关于文化景观的讨论标志着中国对文化遗产保护认识的重要跨越。这一讨论同样是在云南红河哈尼梯田已经进行了多年申报世界遗产的准备工作的基础上进行的，同时也是五台山在2009年以文化景观的类型列入世界遗产名录、杭州西湖准备2011年再次主动以文化景观的类型申报世界遗产的背景下展开的。会议厘清了文化景观的性质、类型和价值特征，对世界遗产名录中已有的文化景观项目进行了分析。这些讨论对于中国关于文化景观的保护具有重要的影响，在许多文物保护单位的保护中开始关注到文化景观的意义，更重要的是在2010年国家文物局正式批准启动的对2000年版《中国文物古迹保护准则》修订工作中，文化景观，特别是文化线路问题的讨论有力地支撑了对"文化价值"的认识和提炼，成为《中国文物古迹保护准则》修订版最为重要的内容。

2011年无锡论坛关于运河遗产的讨论，也是在大运河申报世界遗产进入关键时期，并引发运河沿线各地及相关政府部门广泛关注的时间点上进行的。京杭大运河在2006年被以古建筑的类型列入第六批全国重点文物保护单位名单，这是一个极为值得讨论的现象，它一方面反映了中国文化遗产（或文物保护）界对大运河整体保护的关注，另一方面则是对于其属性以及整体保护带来的困难的困惑。这种困惑同样不可避免地影响到对于大运河作为世界遗产价值的判断和保护方法的制定。同样在委托研究机构完成的对大运河世界遗产价值的研究中对这些问题进行了探讨，这种探讨在无锡论坛上得到了进一步的深化。这种讨论又促进了对大运河这样一个特殊类型的"活态遗产"的认识，影响到了针对"活态遗产"原有功能价值的认识。

2012年无锡论坛关于世界遗产与可持续发展的讨论，事实上是已经积累了一段时间的关于文化遗产保护要与社会发展、城乡建设、改善人民生活水平相结合的讨论的延续和扩展，这一讨论已经与教科文组织的中期战略，与联合国教科文组织对世界遗产保护方向从对伟大艺术品、人类历史的重要见证向促进文化间对话、建设和平和减轻贫困的调整相一致。中国在文化遗产保护方面在这一时期从整体上已经汇入国际文化遗产保护运动的主流，并在其中发挥越来越重要的作用。

2012年，国家文物局调整了申报世界遗产的预备清单。考虑到各地对申报世界遗产的热情，国家文物局在预备清单申报的过程中提出了由地方提出申报文本和必要的保护管理规划，由中国古迹遗址保护协会秘书处对申报文本提出初步筛选，再组织专家对文本进行审查，并委派专家进行现场考察，提交考察报告，最终由专家委员会投票选出列入预备清单的项目。这一程序参照了世界遗产的正式申报程序，提高了预备清单项目的整体水平，也引发了各地政府对这一工作的重视。最终确定的预备清单反映了中国对文化遗产保护的认识。预备清单中的项目包括：北京中轴线、大运河（已于2014年列入世界遗产名录）、中国白酒老作坊、辽代木结构建筑、关圣文化建筑群、山陕古民居、阴山岩刻、辽上京和祖陵遗址、红山文化遗址、中国明清城墙、侵华日军731部队旧址、金上京遗址、扬州瘦西湖及盐商园林文化景观（已于2014年并入大运河项目列入世界遗产名录）、无锡惠山祠堂群、江南水乡古镇、丝绸之路（已于2014年列入世界遗产名录）、海上丝绸之路、良渚遗址、青瓷窑遗址、闽浙木拱廊桥、鼓浪屿、三坊七巷、闽南红砖建筑、赣南围屋、明清皇家陵寝—潞简王墓、黄石矿冶工业遗址、土司遗址（已于2015年列入世界遗产名录）、凤凰区域性防御体系、侗族村寨、南越国遗迹、灵渠、花山岩画文化景观（已于2016年列入世界遗产名录）、白鹤梁题刻、钓鱼城遗址、蜀道—金牛道广元段、古蜀文明遗址、藏羌碉楼与村寨、苗族村寨、万山汞矿遗址、哈尼梯田（已于2013年列入世界遗产名录）、普洱景迈山古茶园、芒康盐井古盐田、统万城、西夏陵、坎儿井、志莲净苑与南莲园池。这些项目在类型上具有多样性，在价值表达上也涉及历史、艺术、科学、文化、社会等多重内容。

世界遗产保护促进了对新的保护对象类型的认识，推动了遗产保护从历史向当代生活的扩展，推动了从艺术作品、历史见证向反映文化多样性的对象的扩展，也推动了从人类的建造物向被文化赋予特定内涵的自然环境的扩展。这种变化在一定程度上导致了2011年公布的第三次中国文物普查确定的不可移动文物的数量超过了76万处（766722处），较之1980年代的第二次文物普查确定的数量增加了近两倍。

四、从艺术品及历史见证的保护到社会的可持续发展

中国的文物保护一直以来强调的是对古代艺术品和重要历史见证物的保护。在文物保护的语境下，关于保护对象价值的表述强调了其所具有的历史、艺术、科学价值，强调了这些价值所具有的史料价值，强调保护对象作为"反映各时代社会制度、社会生产、社会生活的代表性实物"所具有的物证价值[1]。其中历史建筑更是"古代物质文化遗存中极为重要的组成部分，它是劳动人民的智慧结晶，它首先是反映古代各个不同历史时期，各地区、各民族的建筑技术与建筑艺术发展水平。同时从一个侧面又反映了当时当地的文化、政治以及经济的部分状况。因而我们保护维修古代建筑的主要目的之一，就是将它们作为研究历史科学，包括社会发展史、科学技术史以及建筑本身历史的重要实物凭证，就是

---

[1] 1961年《文物保护管理暂行条例》，《新中国文物法规选编》，文物出版社，1987年，第44页。

习惯上所说的史证价值，也就是历史价值"①。历史建筑是"启发爱国热情和民族自信心的实物"②，"是研究历史（包括社会发展史、科学技术史、建筑发展史等）的实物例证"③，"是新建筑设计和新艺术创作的重要借鉴"④，"是人民文化、休息的好场所，是开展旅游事业的重要物质基础"⑤。这种价值认识是对文物价值的普遍认识。在20世纪60—70年代国际文化遗产保护运动对保护对象价值的认识也同样表达了几乎完全一致的内容："世世代代人民的历史古迹，饱含着过去岁月的信息留存至今，成为人们古老的活的见证"⑥，"历史古迹的要领不仅包括能从中找出一种独特的文明、一种有意义的发展或一个历史事件见证的城市或乡村环境"⑦。"在本公约中，以下各项为'文化遗产'：文物：从历史、艺术或科学角度看具有突出普遍价值的建筑物、碑雕或碑画、具有考古性质成分或结构、铭文、洞窟以及联合体；建筑群：从历史、艺术或科学角度看，在建筑式样、分布均匀或环境景色结合方面，具有突出普遍价值的单立或连接的建筑群；遗址：从历史、审美、人种学或人类学角度看具有突出普遍价值的人类工程或自然与人联合工程以及考古地址等地方。⑧"这种价值认识观强调了对物的物质遗存及其所承载的历史信息的保护，这种保护本质上是一种博物馆式的保护。

20世纪80年代到90年代中期，在联合国教科文组织相关文件中对

---

① 祁英涛：《尊重传统技术，研究传统技术》（1982），《祁英涛古建论文集》，华夏出版社，1992年，第137页。
② 罗哲文：《为什么要保护古建筑》（1980），《罗哲文古建筑文集》，文物出版社，1998年，第213页。
③ 同上书，第214页。
④ 同上书，第215页。
⑤ 同上书，第217页。
⑥ 《威尼斯宪章》（1964），《国际文化遗产保护文件选编》，文物出版社，2007年。
⑦ 同上。
⑧ 《保护世界文化和自然遗产公约》（1972），《国际文化遗产保护文件选编》，文物出版社，2007年，第70—71页。

文化遗产的认知基本集中于历史的记忆、作为个人或社区的文化自觉等方面[1]。90年代后期则开始强调要将遗产更充分地融入社区的经济和社会生活当中，并强调联合国教科文组织启动的城市重建项目将历史遗产重新融入日常生活的努力，强调遗产对于旅游业的影响[2]。这种新的观念的形成，受到了1988年到1997年文化十年项目所取得的成果的影响，对于文化遗产保护所具有的意义和影响有了更为广泛和深入的认识。在2002—2007年的中期战略中，将文化遗产作为文化多样性的基本组成部分，把文化遗产保护纳入到可持续发展的框架当中[3]。

中国文物保护从20世纪80年代中期开始就与旅游业的快速发展出现矛盾与冲突，地方政府往往希望最大化地开发不可移动文物作为旅游目的地，获得尽可能大的经济回报，这种要求受到了文物保护界的强烈抵制。为了获取对于文物资源的控制，一些地方政府试图通过建立一些旅游管理公司来获得文物保护单位的经营和管理权，或者干脆将文物保护单位的经营管理权出让给企业。在这一过程中相继爆发了陕西省政府成立旅游集团试图控制陕西各处重要文物保护单位，包括世界遗产项目秦始皇陵，以及曲阜华侨城集团"水洗三孔"事件。这些问题引发了社会的广泛关注，并导致在《中华人民共和国文物保护法》中增加了第二十四条："国有不可移动文物不得转让、抵押。建立博物馆、保管所或者辟为参观游览场所的国有文物保护单位，不得作为企业资产经营。[4]"

在世界遗产保护的实践中，保护与生活之间关系的问题也始终是中

---

[1] UNESCO Second Medium-Term Plan (1984—1989), p.226, 227, Draft Medium-Term Plan (1990—1995), p.57, 58.
[2] UNESCO Medium-Term Strategy (1996—2001), p.31.
[3] UNESCO Medium-Term Strategy (2001—2007), p.39.
[4] 国家文物局：《中华人民共和国文化遗产保护法律文件选编》，文物出版社，2007年，第7页。

国文物保护面临的基本问题。1997年列入世界遗产名录的丽江古城和平遥古城，2000年列入世界遗产名录的皖南古村落，以及2013年列入世界遗产的红河哈尼水稻梯田文化景观都存在这样的问题。对这些遗产地保护与发展问题的持续的思考和讨论，促进了各种观念的碰撞。

2005年福州乌塔周边违规建设问题引发了三坊七巷保护项目的开展，最终通过文物保护项目极大地促进了福州传统文化复兴和城市建设。国家文物局提出还文物以尊严，文物保护促进社会发展、促进城乡建设、促进人民生活水平改善等要求，通过增加对文物保护的投入，启动重大项目来使文化遗产保护获得社会的关注和支持。其中最为突出的是启动丝绸之路和大运河的申报世界遗产工作，这两个项目涉及了十几个省，引发了社会和相关政府部门的广泛关注。通过保护和环境整治使文化遗产成为城市的名片，从一个新的更为积极的角度促进了文化遗产对城市建设的积极影响。成都金沙考古遗址的保护和遗址博物馆的建设成为示范性项目，引发了许多城市的巨大兴趣，工业遗产的保护和利用，特别是工业遗产利用与文化创意产业的结合、国家考古遗址公园的建设都引发了巨大的社会反响。2013年国家文物局专门开展了文物合理利用的讨论，引入"活化"的概念，为促进文化遗产保护发挥了更为积极的作用。

考古遗址的保护，特别是古代城址或大型文化聚落遗址，长期以来一直是中国文化保护与城市建设存在冲突的问题，这些遗址往往在现代城市之下，面积巨大，与当代城市用地存在冲突。2004年前后，针对这些大型遗址与城市建设之间的矛盾，国家文物局提出编制大型遗址保护规划的要求，试图从规划的角度协调保护与城乡建设之间的关系。2012年在大遗址保护规划的基础上又提出了建设国家考古遗址公园的要求，得到了地方政府的热烈响应，一些考古遗址公园成为城市中受到民众欢迎的新的公共空间。一些考古遗址公园也进入到中国的世界遗产名录或预备名录当中，例如大明宫考古遗址公园就作为丝绸之路的遗产构成要素，被列为世界遗产；而牛河梁、良渚、金沙、三星堆等考古遗址公园则被列入到申报世界遗产的预备名录当中。

尽管在概念上仍然存在着分歧和冲突，但总体上中国文化遗产的保护对促进社会可持续发展的作用已经成为发展的方向。

五、从文物保护到文化遗产保护

中国的文物保护是基于对古代艺术品、古代建筑及考古遗址的艺术价值和历史价值认知的保护，强调把保护对象作为一件博物馆的展品，尽可能地将对象凝固在一个最能反映其价值的瞬间。这一保护观念在中国以政府为责任主体的文物保护体系中被不断强调。20世纪80年代中国文物保护开始快速发展，其中两个具有重要意义的事件：一个是1982年历史文化名城保护体系的建立，国务院公布了第一批国家级历史文化名城的名单；另一个则是由中国台湾《汉声》杂志资助的北京清华大学陈志华、楼庆西教授主持的中国大陆乡土建筑研究系列成果的出版。历史文化名城的保护标志着在中国开始从城市整体的角度关注历史文化的保护问题，并逐步形成了包括城市、街区、历史建筑三个层级的，不仅涉及重要标志性建筑、街区肌理，而且包括整个城市格局的新的保护体系，相关的管理由主管城市建设的建设部会同国家文物局负责。这一新的由政府主导的保护体系又逐步扩展到历史文化名镇、名村。乡土建筑的研究是中国建筑史学界较早开展的工作，"中国营造学社" 20世纪40年代在四川李庄时期就开始了对乡土建筑的调查和研究，在《营造学社汇刊》中也有一系列的成果发表。50年代以后中国建筑科学研究院历史研究所，以及一些建筑院校展开了针对不同地区民居建筑的研究，并形成了以《浙江民居》为代表的系列成果。但这种研究主要是侧重于类型学的研究，以记录和分析建筑特征、风格，促进新建筑设计中对传统建筑要素的借鉴和汲取为主要目的。陈志华、楼庆西教授的乡土建筑系列成果的意义在于他们不仅从建筑学的角度研究乡土建筑的结构、艺术特征，而且从社会学的角度，对乡土建筑的历史文化进行研究和阐述，不仅从民居建筑的角度研究建筑单体，而且从村落的角度，研究村落的整体布局以及村落和环境之间的关系。

  从文物保护的方面，在1988年公布的第三批全国重点文物保护单位名单中出现了丁村民宅、潜口民宅、东阳卢宅这样的村落民居建筑群。但这一保护也显然是基于对典型的地方民居建筑风格、建筑艺术特征的理解而进行的，选择了山西、安徽、浙江最为典型的民居。在保护上同样采用了政府收购、设立专门的保护管理机构，对保护对象进行博物馆式保护、展示的方法。1996年公布的第四批全国重点文物保护单位名录中列入了浙江兰溪的诸葛、长乐村民居。尽管在表述和分类上，诸葛、长乐村民居与丁村民宅、潜口民宅、东阳卢宅并无太大的区别，但在保护上却尝试了不同的保护方式。国家文物局邀请陈志华先生为诸葛村编制了保护规划，并推动了以诸葛村村民为主体的保护管理体制的建设，取得了较好的、持续保护的成效。但同时这一保护方式也带来了作为全国重点文物保护单位在文物构成认定和管理方面的新问题，使这一保护方式并未得到进一步的推广和发展。

  1997年丽江和平遥古城被列入世界遗产名录。整个历史古城作为世界遗产的保护在观念和方法上既不同于历史文化名城，也不同于文物保护单位，这无疑是对中国保护观念和保护方法新的挑战。2001年联合国教科文组织驻亚太地区办事处（曼谷）在丽江召开"历史城市类型的遗产地保护管理"国际研讨会，邀请四个世界遗产地城市和四个非世界遗产的历史城市进行交流。这次会议讨论的内容涉及多个方面，远远超出了单纯的古城作为遗产的物质形态保护问题，讨论在多个层面上涉及历史城市的可持续发展，居民参与保护、管理、分享保护和发展获益等问题。这些讨论对于中国历史城市的保护而言,展现了一个不同于以往历史城市保护单纯强调保护或旅游经济的话语系统,城市居民在这样一种保护中的角色和积极作用,特别是他们在保护中应当分享的利益被不断强调。会议最终形成了涉及保护、居民作用、投资及利益分享等内容的"丽江模式"。这一会议的讨论对丽江本身的保护和管理产生了深刻的影响。作为世界遗产城市,丽江的保护、管理方式又对中国其他历史城市的保护产生了一定的示范作用。丽江作为世界遗产的保护尽管仍然存在许多问题,但努力体现出了对文化多样性的保护,特别是物质遗产与非物质遗产保护的结合。丽江在强调对古城建筑、街道、空间等要素保护的同时,也注意了对纳西传统文化、传统音乐等的保护和传承,这些工作在一个时期当中对中国其他历史城镇的保护产生了一定的影响。

20世纪90年代之后,联合国教科文组织逐步强调对文化多样性的保护,强调遗产保护对文化保护的作用,强调保护对社会可持续发展的影响。对于文化多样性和传统文化在城乡建设快速发展过程中的消亡也引发了中国各界的讨论。这种讨论又不断被新农村建设、新型城市化等建设活动的压力所强化。

进入21世纪之后,关于活态遗产的保护问题在中国逐步被人们所认识和实践。例如2009年五台山申报世界遗产,从文化遗产角度的申报可以有多种不同的途径,可以强调它所拥有的大量古代建筑遗存,以及这些遗存所反映的古代建筑艺术和技术发展,这也是中国最为传统的保护历史遗存、文物建筑的基本方式。但在五台山作为文化遗产的价值表述中强调了作为一直延续的佛教圣地对佛教发展的影响,突出了五台山活态遗产的特征和性质。在五台山之后,杭州西湖和哈尼梯田文化景观申报世界遗产也强调了西湖和哈尼梯田所具有的活态遗产特征。对于世界遗产的申报、保护、管理而言,是一个系统构建的过程,对其价值的分析和研究构成了申报最为基础的部分。通过从丽江、平遥,到皖南古村落，再到五台山、杭州西湖和哈尼梯田文化景观，中国对于活态遗产的认知和保护实践有了快速的发展。尽管对保护对象价值表述方式，以及保护方法上是强调"物"还是文化传统或是人本身，仍然存在着争议和分歧，但无论是作为世界遗产的历史城镇、文化景观，还是普通的传统村落、正在使用中的近现代文物建筑，人们都越来越多地从文化多样性保护、活态遗产的角度认识它们所面临的保护问题。近年来，在许多传统村落中出现的乡建工作营的工作都反映了这样一种趋势。

六、结语

中国的文物保护，是基于 20 世纪二三十年代相关学科的发展，并在特定文化背景下，逐步形成的文物保护体系和保护观念。1985 年中国加入《保护世界文化和自然遗产公约》，并快速发展成为拥有世界遗产数量最多的国家之一。世界遗产在中国文物保护的发展过程中发挥了两方面的重要作用：一方面促进中国逐步完善了保护管理体系，另一方面建立起了中国文物保护体系与国际文化遗产保护运动之间的桥梁，使得中国文物保护体系与国际文化遗产保护运动之间呈现出一种双向互动的关系。

2000 年中国通过《中国文物古迹保护准则》，这一准则是基于中国长期以来在文物保护中强调恢复原状或保存现状的原则基础上，与以《威尼斯宪章》为基础的国际文物保护体系的对接，并成为 2000 年以后中国文物保护快速发展，从文物保护向文化遗产保护跨越的重要基础。

2004 年在苏州召开的第 28 届世界遗产委员会大会对中国文化遗产的保护产生了深刻的影响，特别是对包括文化景观、文化线路在内的新的文化遗产保护类型的研究和保护实践拓宽了对于保护对象价值认识的视野，促进了对保护理论和保护方法的探讨。同时也在重大保护项目进行的过程中，如丝绸之路、大运河申报世界遗产，2008年汶川地震后都江堰二王庙、伏龙观的抢救、修复项目，培养了一批具有强大的文化遗产保护能力的专业队伍。以北京故宫博物院、敦煌研究院为代表的专业研究机构进行的具有示范性的保护研究项目，如故宫倦勤斋的修复、敦煌莫高窟85窟的保护项目，也展现了中国文化遗产保护所达到的水平。

2015年修订的《中国文物古迹保护准则》反映了中国文化遗产保护发展的状况和趋势。《中国文物古迹保护准则》修订版基于包括世界遗产保护在内的大量保护实践，在对保护对象价值认知上，在原有历史价值、艺术价值和科学价值的基础上，又提出了社会价值和文化价值的内容。关于社会价值的表述反映了遗产保护领域从艺术品和历史见证的保护到强调保护对可持续发展促进的趋势，也反映了中国2000年之后强调文物保护促进城乡建设，促进人民生活改善，反映国家考古遗址公园建设、社区博物馆建设等一系列实践活动的成果，也反映了2013年以后关于保护对象的合理利用，让文化遗产"活"起来的一系列讨论；文化价值则是基于2002年中国推动文物保护规划编制作为文物保护工作前提，对大量全国重点文物保护单位在规划过程中对价值的分析，基于"天地之中——登封古建筑群""五台山""杭州西湖文化景观""红河哈尼梯田文化景观""丝绸之路""大运河"等项目申报世界遗产过程中对价值的分析和评估，强调了保护物质形态的遗产与保护文化多样性、传承优秀文化传统之间的关系。

2015年修订的《中国文物古迹保护准则》直接采用了世界遗产保护中"真实性"和"完整性"的相关内容，并与中国相关的文物保护原则相结合，形成了体现中国文物保护特点的对"真实性"和"完整性"原则的表述。基于在历史街区、古村落等类型保护对象保护工作中遇到的实际问题，《中国文物古迹保护准则》修订版特别提出了"保护文化传统"的保护原则，强调物质遗产的保护应当促进对文化传统的保护，二者应当是一个整体。

尽管对于文化遗产的保护，无论是关于社会价值、文化价值的认知和表述，还是对于保护对象的"活化"和合理利用，对于社会参与文化遗产保护，甚至是文物保护还是文化遗产保护，在中国文化遗产保护界内部仍然存在着不同的看法和认识，甚至是激烈的对立，在实践的层面关于保护技术和管理也还存在着许多问题，但从整体上呈现出的巨大进步和快速发展，展现出了中国文化遗产保护的强大能力和良好的发展趋势。

中国文化遗产保护的发展，特别是在2000年之后，是一种从思想到实践、从观念到操作的跨越式的发展，是从文物保护到文化遗产保护的发展，是从关注作为历史见证而存在的个体文物，向作为整体的文化和文化多样性的保护、传承、弘扬的转变。在整个过程中，世界遗产发挥了重要的催化剂作用。

第三讲:

天山廊道的丝绸之路

陈 凌

跨越亚非欧三洲的丝绸之路是古代东西方世界交通的大动脉,在人类文明史上有深远的影响。百余年来,丝绸之路一直是国际学术界备受关注的话题,人们一直被丝绸之路上绚烂多彩的文明所深深吸引。2014年,中哈吉三国联合申报"丝绸之路—天山廊道"世界遗产项目首获通过,丝绸之路再次引起了全世界的瞩目。

一、绝域之地旷无涯——丝绸之路天山廊道概观

地理环境是人类活动的基本空间前提,在相当大程度上形塑和制约了人们的生产生活方式。法国年鉴学派大师费尔南·布罗代尔（Fernand Braudel）在其巨著《菲利普二世时代的地中海和地中海世界》中花费了大量的篇幅论述地理因素的深层次作用。在布罗代尔看来,人类同地球环境斗争的历史,构成了历史长期的连续性;而地理环境又有助于人们认识了解历史的真实面目。从长时段来看,一些特殊地区的地理环境因素对人类的影响表现得尤为突出。

欧亚内陆地带自古以来以气候干燥、降水量稀少著称。由于大气环流不能把较多的水汽输送到欧亚内陆,因此不能以降雨的形式释放大气中的水分,而帕米尔高原及周围的隆起地带又对湿润气流的北上有重要的阻挡

作用。在长期干旱条件下，高山夹持的高原、盆地及山前冲积扇地带由于强劲的风蚀作用形成戈壁，而原先积存着丰富疏松成沙物质的地带则在风力作用下形成沙漠。著名的塔克拉玛干沙漠即为在极端干旱条件下，受高度在 12 米、风速有时高达 30 米/秒的扬沙风作用下形成的。新疆地处欧亚大陆腹地，四周有阿尔泰山、帕米尔、喀喇昆仑山、昆仑山、阿尔金山等高山环绕。天山横亘中央，把新疆分割为南北两大部分，形成三山两盆的地理格局。而在平行山脉之间则为一系列大小不等的山间盆地和谷地，如拜城、焉耆、吐鲁番、哈密及尤勒都斯等盆地，伊犁、乌什等谷地。

在远离海洋和高山环抱的影响下，新疆气候具有典型的干旱气候特征。新疆的平均降水量为 145 毫米，为中国年平均降水量 630 毫米的 23%，不但低于全国平均值，也是地球上同纬度地区最少的。不过，即使是南北疆也存在巨大差异。北疆平原区为 150—200 毫米，西部可达 250—300 毫米。南疆平原在 70 毫米以下，最少的托克逊只有 7 毫米。北疆中山带以上年降水量为 400—600 毫米。伊犁谷地个别迎风坡可达

塔克拉玛干沙漠深处的尼雅遗址

天山北麓草原

1000毫米。天山南坡中山带以上年降水量为300—500毫米。昆仑山北坡年降水一般为200—400毫米，局部迎风坡可达500毫米。夏季山区降水直接形成径流，汇入河道，是农业灌溉的主要水源。新疆农田用水百分之八十来自河流。冬季山区积雪融化后，成为春季河流主要的水源[1]。

新疆的地理条件决定了北疆适宜游牧，南疆适于定居。丝绸之路沿线所经的不同地区也因着地理环境的差异，深刻地影响了各自的文化面貌。丝绸之路中段，亦即主要是环塔里木盆地周缘，依靠着雪山融水和地下水，形成了星星点点的由沙漠、戈壁、高山环绕的绿洲。自然地理和气候条件的不同，根本上决定了绿洲文明的生产和生活方式与草原地带有较大的差异。笼统而言，草原地带的居民主要是逐水草而居的游牧生活，绿洲地区的居民则是半游牧半农耕的生活方式。星散在各处河流绿洲的定居点之间联结成为丝绸之路新疆段的基本道路网。

---

[1] 新疆维吾尔自治区第二测绘院：《新疆维吾尔自治区地图集》，中国地图出版社，2009年。

汉代东西方陆路绿洲之路主要交通干线大致是：东起长安，西出陇西，经河西走廊到达敦煌。自敦煌分南北两道。南道出阳关，沿塔里木盆地南缘，经于阗（今新疆和田）、皮山（今新疆皮山）、莎车（今新疆莎车），到达疏勒（今新疆喀什）；北道过白龙堆（今新疆罗布泊东北雅丹地区），抵楼兰（今新疆罗布泊西北岸），而后傍天山南麓，经焉耆（今新疆焉耆）、龟兹（今新疆库车），也到达疏勒。从疏勒西越葱岭至大夏（今阿富汗北部巴克特里亚 Bactira），或向西经大宛（今中亚费尔干纳 Farghana 盆地）再往南也可抵达大夏。从大宛往西经康居（今中亚阿姆河 Amu-Darya /Oxus 与锡尔河 Syrdarya/Jaxartes 之间的索格底亚那 Sogdiana）前往奄蔡（今咸海以北）。从大夏往南可到身毒（今印度），向西经安息（伊朗帕提亚王朝），可至条支（今叙利亚一带）、黎轩（今埃及亚历山大城 Alexandria）。西汉晚期，汉戊己校尉曾一度想开辟从车师后国（今新疆吉木萨尔）经五船北直达玉门关的新道，以避白龙堆之厄，由于车师后王的阻挠而未果。不过，可以看到最晚到隋代，五船新道已经发展成为陆上交通的又一条大干道（北道）。它从玉门关，经伊吾（今新疆哈密），傍天山北麓西行，渡北流河水（碎叶川），最远可至拂菻（Prūm，即拜占庭帝国）。在主干线基础上，还派生出若干分支路线。

应该说，丝绸之路最为艰难的路线还是沿着塔里木盆地南北沿的通道，因为这里遍布着沙漠、戈壁，自然条件恶劣。我们不妨看一看古人的几则叙述。公元 5 世纪西行求法高僧法显在其所著的《佛国记》中写道："沙河中多有恶鬼、热风，遇则皆死，无一全者。上无飞鸟，下无走兽。遍望极目，欲求度处，则莫知所拟，唯以死人枯骨为标识耳。"此后一百多年，隋代裴矩也在其所著《西域图记》中说："在西州高昌县东，东南去瓜州一千三百里，并沙碛之地，水草难行，四面危，道路不可准记，行人唯以人畜骸骨及驼马粪为标验。以其地道路恶，人畜即不约行，曾有人于碛内时闻人唤声，不见形，亦有歌哭声，数失人，瞬息之间不知所在，由此数有死亡，盖魑魅魍魉也。"法显、裴矩所描述的还只是新疆东部的戈壁、沙漠，而塔克拉玛干要远比这里危险得多。13世纪马可·波罗在游记中提及罗布泊一带时称："沙漠中无食可觅，故禽兽绝迹。然有一奇事，请为君等述之。行人夜中骑行渡沙漠时，设有一人因寝息，或因他故落后，迨至重行，欲觅其同伴时，则闻鬼语，类其同伴之声。有时鬼呼其名，数次使其失道。由是丧命者为数已多。甚至日间亦闻鬼言，有时闻乐声，其中鼓声尤显。渡漠情形，困难如此。"

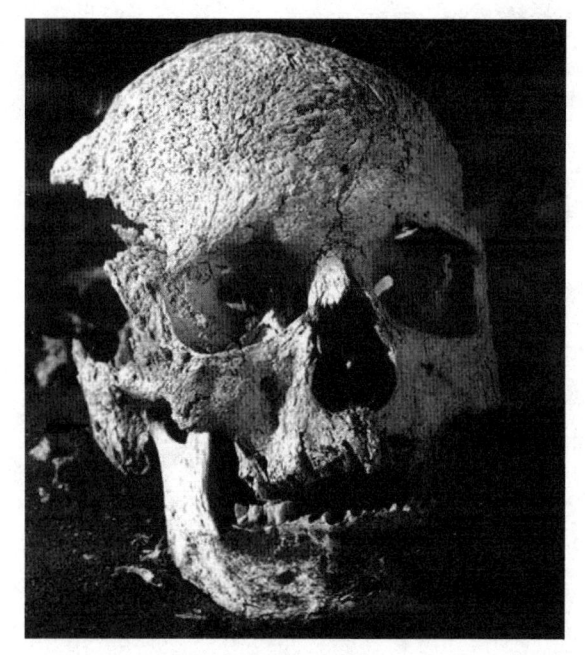

死亡之海散落的人骨

二、天将龙旗掣海云——天山廊道上的世界遗产

2014年6月，中哈吉三国联合申报丝绸之路遗产项目在卡塔尔多哈召开的联合国教科文组织第38届世界遗产委员会会议上获得通过。丝绸之路是一条线性世界遗产，经过的路线长度大约5000公里，包括各类遗迹共33处，申报遗产区总面积为42680公顷，遗产区和缓冲区总面积为234464公顷。其中，中国境内有22处考古遗址、古建筑等遗

迹，包括河南省4处、陕西省7处、甘肃省5处、新疆维吾尔自治区6处。哈萨克斯坦境内有8处遗迹，吉尔吉斯斯坦境内有3处遗迹。然而，这还只是古代丝绸之路的一部分，而非全部。近年来，古代丝绸之路途经的一些国家也还在为其他路段申报世界遗产积极筹备。

在世界遗产会议上，世界遗产委员会对丝绸之路天山廊道做出这样的评价：

> 丝绸之路见证了公元前2世纪至公元16世纪期间，亚欧大陆经济、文化、社会发展之间的交流，尤其是游牧与农耕文明之间的交流；它在长途贸易推动大型城镇和城市发展、水利管理系统支撑交通贸易等方面是一个出色的范例；它与张骞出使西域等重大历史事件直接相关，深刻反映出佛教、摩尼教、拜火教、祆教等宗教和城市规划思想等在古代中国和中亚等地区的传播。

在遗产申报过程中，国际专家还着重强调：正是由于中原王朝的有效管理，保障了丝绸之路的通畅。

国际世界遗产专家的这些评价指出了丝绸之路天山廊道一些重要的方面，尤其关键的是，强调了中原王朝在开辟和维系丝绸之路的决定性作用。这一点特别值得注意。《汉书·西域传》有这样一段话：

> 汉兴至于孝武，事征四夷，广威德，而张骞始开西域之迹。其后骠骑将军击破匈奴右地，降浑邪、休屠王，遂空其地，始筑令居以西，初置酒泉郡，后稍发徙民充实之，分置武威、张掖、敦煌，列四郡，据两关焉。自贰师将军伐大宛之后，西域震惧，多遣使来贡献。汉使西域者益得职。于是自敦煌西至盐泽，往往起亭，而轮台、渠犁皆有田卒数百人，置使者校尉领护，以给使外国者。

这里所说的"给使外国者"就是对东西往来使者的一种物质和安全保障。中央政权管理西域、保障丝绸之路畅通，是由在西域地区建立的一套城镇、烽燧、屯田等军政系统而实现的。

克孜尔尕哈烽燧

表1 丝绸之路——天山廊道世界遗产

国别	遗址
中国	汉长安城未央宫遗址、唐长安城大明宫遗址、大雁塔、小雁塔、兴教寺塔、彬县大佛寺石窟、张骞墓、汉魏洛阳城遗址、隋唐洛阳城定鼎门遗址、新安汉函谷关遗址、崤函古道石壕段遗址、玉门关遗址、麦积山石窟、炳灵寺石窟、锁阳城遗址、悬泉置遗址、北庭故城遗址、高昌故城、交河故城、克孜尔尕哈烽燧、克孜尔石窟、苏巴什佛寺遗址
哈萨克斯坦	开阿利克遗址、塔尔加尔遗址、阿克托贝遗址、库兰遗址、奥尔内克遗址、阿克亚塔斯遗址、科斯托比遗址、卡拉摩尔根遗址
吉尔吉斯斯坦	阿克·贝希姆遗址、布拉纳遗址、科拉斯纳亚·瑞希卡遗址

随着中国"一带一路"方案的提出，丝绸之路成为国际，特别是国内的热点话题，很多人对此兴趣大增。但有一个问题值得说一说。

众所周知，"丝绸之路"的概念是由德国地理学家李希霍芬（F.v. Richthofen，1833—1905）提出的。李希霍芬认为，丝绸之路是"从公元前114年到公元127年间，连接中国与河中（指中亚阿姆河与锡尔河之间）以及中国与印度，以丝绸之路贸易为媒介的西域交通路线"。可以看出，李希霍芬的"丝绸之路"概念有着明确的时间、空间，以及内容界定。此后不久，1910年，德国历史学家赫尔曼(A. Herrmann)《中国和叙利亚之间的古代丝绸之路》

德国地理学家李希霍芬（F.v. Richthofen）

一书中提出，"我们应把该名称的涵义进而延伸到通往遥远西方的叙利亚的道路上"。赫尔曼的意见将丝绸之路的空间范围向西做了大幅延伸。后来，随着学术的积累，关于丝绸之路的概念在时空上又有所拓展。从空间上说，从中国往东延伸至朝鲜、日本，向西则远至非洲。从时间上说，始自汉武帝时期，下至16世纪。

张骞二次出使西域，《史记》称：

> 其后岁余，骞所遣使通大夏之属者皆颇与其人俱来，于是西北国始通于汉矣。然张骞凿空，其后使往者皆称博望侯，以为质于外国，外国由此信之。

这个记载明白指出张骞之举是"凿空"，就是第一次正式开辟与西域的通使往来，这个行为是带有官方色彩的。也就是说，从张骞通使西域之后，中原政权和广大西域地区才开始有了正式的官方往来。所谓的"凿空"也就是从这个意义上说的。我们固然应当承认，人们对于丝绸之路的认知水平会随着学术的进步而不断更新，但张骞开辟丝绸之路是无可疑义的。

张骞墓出土"博望"封泥

那么，张骞之前东西方的文化交流是否存在呢？答案是肯定的。现代研究者根据考古发现，指出东西方文化交流在很早的史前时期就已经存在，特别是欧亚草原民族迁徙和物资流动。很多人由此大谈汉以前的"丝绸之路"。我个人认为，这里有个误会。汉以前东西方有交流是事实，但东西方交流不等于就是"丝绸之路"。以《史记》的记载来说，张骞在出使之前就已经知道西域一些部族的情况，说明此前必定有人物往来、信息传递。但古代史书还依然把张骞通使称为"凿空"，说明在当时人眼里，张骞的活动是空前的。

应该说，张骞通西域、开辟丝绸之路是一种国家政治行为。也正因为如此，随着中央政权在西域地区建立了一套政治、军事管理系统之后，也在客观上保障、促进，并且大大深化了东西方之间的交往。张骞通西域以前，东西方的文化交流是自发的、民间性质的，其深度、广度与丝绸之路正式开通以后的情形，是无法相提并论的。

为此，我个人认为，不妨将史前至 16 世纪东西方文化交流划分为四个阶段：

表2　丝绸之路时代分期

公元前 2 世纪以前	早期丝绸之路
公元前 2 世纪—公元 3 世纪	丝绸之路的古典时期
公元 4—9 世纪	丝绸之路的黄金时期
公元 10—16 世纪	丝绸之路的衰落时期

《汉书·西域传》称西域"本三十六国，其后稍分至五十余"，又说"西域诸国大率土著，有城郭田畜，与匈奴、乌孙异俗"。可知在汉武帝通西域之前，西域已经有不少城市。众所周知，汉唐时代西域地区

一直是中原王朝与北方游牧民族反复争夺的焦点地带。西域原为匈奴控制，汉击破匈奴后"列四郡，据两关"，"自敦煌西至盐泽，往往起亭"，建立起了用于军事防御的亭障系统，开始在西域屯田，并"给使外国者"。随着西域被纳入疆域之内，中原王朝也开始在西域建城。中原王朝在西域所建的城市，一部分是在原先的绿洲城市基础上加以改造利用，一部分则是新筑的。我们现在在西域地区能够看到的古城遗址，大多属于汉代以后。

由于地理、历史背景的原因，西域地区的城市具有许多不同于其他地区的特点，呈现出多种文化交融的色彩。可以说，西域古代城市是古代丝绸之路的基本支撑点，了解它们也就把握了丝绸之路历史文化的基本骨架。

丝绸之路沿线有数以百计的古城遗址，出于种种原因，列入申遗名单的并不多。我们择取几处重要的古城作概况性的介绍，通过对地理环境、历史沿革，以及相关考古发现的叙述，展示它们在丝绸之路上的地位和作用，或许有助于读者了解古代丝绸之路丰富多彩的内容。

三、北庭生献五单于——北庭故城

唐代的北庭古城遗址在今新疆吉木萨尔县北约12公里的破城子。吉木萨尔位于天山山脉北麓东段，准噶尔盆地东南缘，东接奇台，西毗阜康，北越喀拉玛依勒岭可抵富蕴，南届博格达山与乌鲁木齐、吐鲁番为邻。从地理位置上看，吉木萨尔所处的位置非常重要，是控扼南北疆与东疆的关节点。

西汉以前，吉木萨尔一带曾经是乌孙活动的地域。随着匈奴势力的扩张，此地后来被纳入匈奴的控制之下。"至宣帝时，遣卫司马使护鄯善以西数国。及破姑师，未尽殄，分以为车师前后王及山北六国。时汉独护南道，未能尽并北道也。"汉宣帝时，击破姑师，从姑师分出车师前后王及山北六国。车师后王治务涂谷。

务涂谷大体在今吉木萨尔一带。有的学者认为，务涂就是"浮屠""浮图"，是Buddha的音译①。此时佛教还未在天山北麓一带流行，因此这种说法比较勉强。清代学者徐松《汉书西域传补注》中提出，唐代可汗浮图城的浮图是汉代务涂谷的音转②。法国学者沙畹《西突厥史料》中将可汗浮图译为"Kagan Buddha"③。Kagan即可汗。日本学者松田寿男则对这种比定提出质疑④。我认为，徐松将"浮图"与"务涂"比定是可以信从的；至于比定"浮图"为Buddha，似可商榷。值得注意的是，《汉书》九十四上《匈奴传上》称匈奴"单于姓挛鞮氏，其国称之曰'撑犁孤涂单于'"。孤涂（ku-t'u<M. kou-dou<*kwah-ðah）意为儿子⑤。考察上古音韵，我倾向于认为务涂或许与孤涂是译自同一个匈奴语词。《汉书》九十四上《匈奴传上》载，"狐鹿姑单于立，以左大将为左贤王，数年病死，其子先贤掸不得代，更以为日逐王。日逐王者，贱于左贤王。单于自以其子为左贤王"。日逐王为前左贤王之子，不得继位为左贤王，而降居为日逐王，统领西域。务涂谷之得名和这段史事是否有关就不得而知了。

东汉初，"始置西域都护、戊己校尉，乃以恭为戊己校尉，屯后王部金蒲城，谒者关宠为戊己校尉，屯前王柳中城，屯各置数百人"⑥。唐代的蒲昌城在天山南，而耿恭所屯驻的实际上是天山北的金满城。到

---

① 岑仲勉：《汉书·西域传地理校释》，中华书局，1981年，第491—493页。
② 徐松：《汉书·西域传补注》卷下，见《西域水道记》（外二种），朱玉麒整理，中华书局，2005年，第495页。
③ Édouard Chavannes, *Documents sur les Tou-kiue (Turcs) occidentaux*, St. Peterburg, 1903, p.12.
④ 松田寿男：《古代天山历史地理学研究》，陈俊谋译，中央民族大学出版社，1981年，第375—386页。
⑤ 蒲立本：《上古汉语的辅音系统》，潘悟云、徐文堪译，中华书局，1999年，第170页。
⑥ 余太山先生认为，屯驻金满城的是戊校尉，而非戊己校尉。见余太山：《两汉魏晋南北朝与西域关系史研究》，中国社会科学出版社，1995年，第264—265页。

东汉和帝时，又有戊部候驻车师后部候城。

此后，天山北麓东段区域迭经柔然、高车、突厥等游牧部落控制。突厥在此建可汗浮图城。贞观十四年（640），唐平高昌。"初，西突厥遣其叶护屯兵于可汗浮图城，与高昌相影响，至是惧而来降，以其地为庭州。"①唐置庭州，安置阿史那贺鲁部落。唐永徽四年（653），罢瑶池都督府，以处月部活动的地域置金满州。长安二年（702），以庭州为北庭都护府。公元840年，回鹘西迁之后，北庭成为西州回鹘的都城。欧阳玄《高昌偰氏家传》称："北庭者，今别失八里城。"别失八里对应突厥语 Beshbaliq。突厥语中，besh 为五，baliq 为城，五城之地之说即来源于此。

对于别失八里的形制，以往学术界主要有三种意见②。第一种意见认为在北庭城一带有五个城，通称为"别失八里"。第二种意见认为在高昌回鹘辖境内有五个重要城镇，合称为"别失八里"。第三种意见认为"别失八里"是指北庭城的结构，即北庭城由五个部分组成。

庭州城（别失八里）在7世纪以后至少经过数次重修。王延德《使高昌记》中有一段关于北庭的描述③：

> 时四月，师子王避暑于北廷……
>
> 地多马，王及王后、太子各养马，放牧平川中，弥亘百余里，以毛色分别为群，莫知其数。北廷川长广数千里，鹰鹞雕鹘之所生，多美草，不生花，砂鼠大如兔，鸷禽捕食之。其王遣人来言，择日以见使者，愿无讶其淹久。至七日，见其王及王子侍者，皆东向拜受赐。旁有持磬者击以节拜，王闻磬声乃拜，既而王之儿女亲属

---

① 《旧唐书》卷一九八《高昌传》。
② [日] 安部健夫：《西回鹘国史的研究》，宋肃瀛、刘美崧、徐伯夫译，新疆人民出版社，1985年。
③ 《宋史》卷四九〇《回鹘传》。

皆出，罗拜以受赐，遂张乐饮宴，为优戏，至暮。明日泛舟于池中，池四面作鼓乐。又明日游佛寺，曰应运太宁之寺，贞观十四年造。

北廷北山中出硇砂，山中尝有烟气涌起，无云雾，至夕光焰若炬火，照见禽鼠皆赤。采者著木底鞋取之，皮者即焦。下有穴生青泥，出穴外即变为砂石，土人取以治皮。城中多楼台卉木。人白皙端正，性工巧，善治金银铜铁为器及攻玉。

根据王延德的描述，唐设庭州以后，从城市布局、城内建筑形态等方面都有过较大规模的修造，对以后庭州城的形制布局产生了很大影响。而回鹘人迁居高昌时，则已经转变为半定居式游牧，至少在这个时期北庭城的正向应该朝东，并且跨越河的东西两岸。现存河西岸应该只是城的一部分而已。

北庭古城

现存北庭故城平面呈不规则的长方形，南北长约1666米，东西宽约959米，面积约1304092平方米，主要有三重城，即外城、内城和宫城。外城北墙中部以外还附加小城；城北还有一些羊马城。以往对北庭有过一些零星的调查和考古工作，但整个古城的布局还有很多问题并不清楚。

有些学者试图利用一些新手段对北庭城做复原，也还不能令人信服。从现存遗址的结构和规模来看，不只是唐代一个时期，还应该包括了几个不同时期的遗存，有的部分可能比唐早，有的部分可能在唐以后修建的。要解决这些问题，还要依靠将来科学的考古发掘。

结合文献记载、遗址面貌，以及出土的文物，有两点是可以肯定的：第一，此地从汉至元迭经不同的民族活动，遗址理当包含了游牧、农耕不同的文化印迹；第二，自唐以后，北庭城受到中原文化强烈的影响，不仅是中央政府管理西域的重镇，也是汉文化在天山以北传播的重要节点。甚至可以说，北庭是汉文化在天山以北一处重要的地标景观。

北庭古城卫星图片　　　　北庭古城平面图

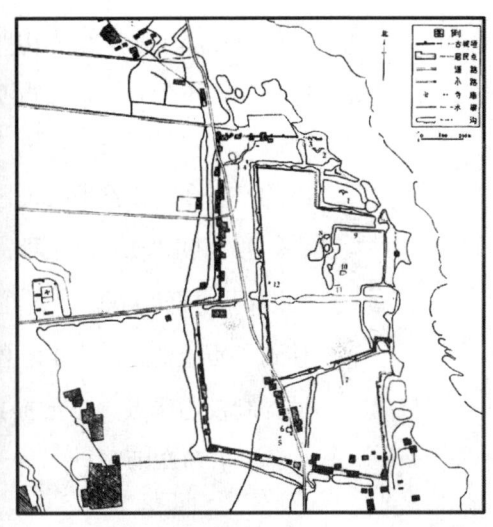

四、高昌兵马如霜雪——高昌故城

高昌故城位于新疆吐鲁番盆地，行政上隶属今吐鲁番二堡乡，东距吐鲁番市45公里。高昌故城北为火焰山，古称赤石山。东西长约100公里，南北宽10公里，平均海拔400—500米。火焰山有桃儿沟、葡萄沟、吐峪沟、木头沟、胜金口、连木沁沟等，是火焰山南北的通道。吐峪沟、木头沟、胜金口、雅尔沟，在吐鲁番文书中称为丁谷、宁戎谷、新兴谷和西谷。高昌故城正位于火焰山南麓交通要道上。其西北为台藏塔和阿斯塔那古墓群，东北为胜金口石窟、柏孜克里克石窟，再东北则为吐峪沟石窟。西距交河故城约50公里。

吐鲁番是古代高昌国所在。元封三年（前108），汉从票侯赵破奴将属国骑及郡兵数万出兵西域，虏楼兰王，破姑师，"于是汉列亭障至玉门矣"[①]。姑师被汉所破后，"分以为车师前、后王及山北六国"[②]。山北六国包括：且弥东、西国，卑陆前、后国，蒲类前、后国。连同车师后国，这七国均在天山北，分布范围大致相当于今东起伊吾、哈密、巴里坤、木垒、奇台、吉木萨尔，西到阜康、米泉、乌鲁木齐、昌吉、呼图壁、玛纳斯这一广大的区域[③]。而车师前国则位于天山南，地域范围约当于今吐鲁番地区（包括吐鲁番市、鄯善县、托克逊县）。

汉王朝"初置酒泉郡，后稍发徙民充实之，分置武威、张掖、敦煌，列四郡，据两关焉"[④]，在河西站稳脚跟之后，和匈奴交锋的重心就转移到了西域地区。由于吐鲁番地处交通孔道，因此成为汉与匈奴争夺西域控制权的焦点。公元前1世纪，汉与匈奴为争车师，先后五次交锋，史称"五争车师"。

和帝永元二年（90），窦宪大破北匈奴，副校尉阎槃袭取伊吾，车师前后王遣子入侍。中原和西域的联系开始恢复。永元三年，耿

[①] 《汉书》卷九六（上）《西域传上》。
[②] 《汉书》卷九六（上）《西域传上》。姑师破灭分裂的时间和年代，学界有不同意见。参王素：《高昌史稿（统治编）》，文物出版社，1998年，第10—11页。
[③] 参王素：《高昌史稿（统治编）》，第11—28页。
[④] 《汉书》卷九六（上）《西域传上》。

夔破北单于，龟兹诸国降，汉以班超为西域都护，驻守龟兹它乾城，并恢复了戊己校尉，驻守车师前部高昌壁。

延光二年(123)，安帝采纳敦煌太守张珰的建议，以班勇为西域长史，屯柳中。班勇发诸国兵击走车师前王庭北匈奴伊蠡王，车师前部复通。其后，随着东汉王朝的衰亡，西域和中原的关系在灵帝时再次中断。

东汉末大乱，中原政权自然无暇顾及高昌。建安二十五年（220），曹丕平定凉州叛乱，往西域的道路重新畅通。黄初三年（222），鄯善、龟兹、于阗遣使，西域复通，于高昌置戊己校尉。从此直至西晋，戊己校尉承担领兵屯戍、安定西域的责任。

东晋成帝咸和二年(327)，前凉张骏始置高昌郡。其后的前秦、后凉、西凉、北凉时期，高昌一直是凉州的一个郡。北凉承平十八年（460），沮渠安周为柔然所灭，高昌郡时代结束，历时一百三十四年。

491年，高车王阿伏至罗杀阚首归兄弟，立敦煌人张孟明为高昌王。张氏立后不久即被国人所杀，马儒被拥立为高昌王。为了摆脱高车的压迫，497年马儒遣使北魏，要求内属。马儒此举引发高昌旧贵不满，于是杀马儒而立麴嘉为王，高昌由此进入麴氏统治时代。麴氏高昌从502年起，至贞观十四年（640）被唐所灭，前后经历十世，在高昌统治了一百三十多年。

唐灭高昌后，以其地置西州，又置安西都护府。显庆二年（657），唐伊丽道行军平灭阿史那贺鲁，西突厥平。西域各国由此摆脱西突厥的控制，转而依附唐朝。为了进一步控制西面，显庆三年（658），唐朝将安西都护府从西州迁往龟兹，西州升格为都督府，麴智湛为西州都督。

安史之乱，唐王朝对于西域的控制能力严重削弱，吐蕃乘机向西域扩张。而回鹘也在此时将势力扩展到天山北路。在786年或787年，吐蕃占领沙州后不久，开始转而攻取唐朝在西域的几个重镇。贞元五年

（789），吐蕃、葛逻禄等部联军，攻下北庭都护府，北庭节度使杨袭古退保西州。贞元八年（792），西州也陷入吐蕃之手。至此，唐在西域的统治全盘崩溃，高昌的唐西州时期也随之终结。

唐朝在西域统治崩溃后不久，回鹘收复北庭，并扩张至龟兹以西，吐鲁番落入回鹘的统治范围之内。根据柏林收藏的一份古代突厥文写本记载，回鹘怀信可汗在803年到高昌邀请三位摩尼教慕阇到蒙古高原传教。而《摩尼教赞美诗集》则称，回鹘保义可汗（808—821）时期，北庭、高昌、焉耆、龟兹等地有大量的摩尼教神职人员。

840年，回鹘在黠戛斯的压力下败亡，部众分散，其中一支西迁至天山东部。866年，回鹘仆固怀俊攻占西州、北庭等地，以此形成西州回鹘，或称高昌回鹘。

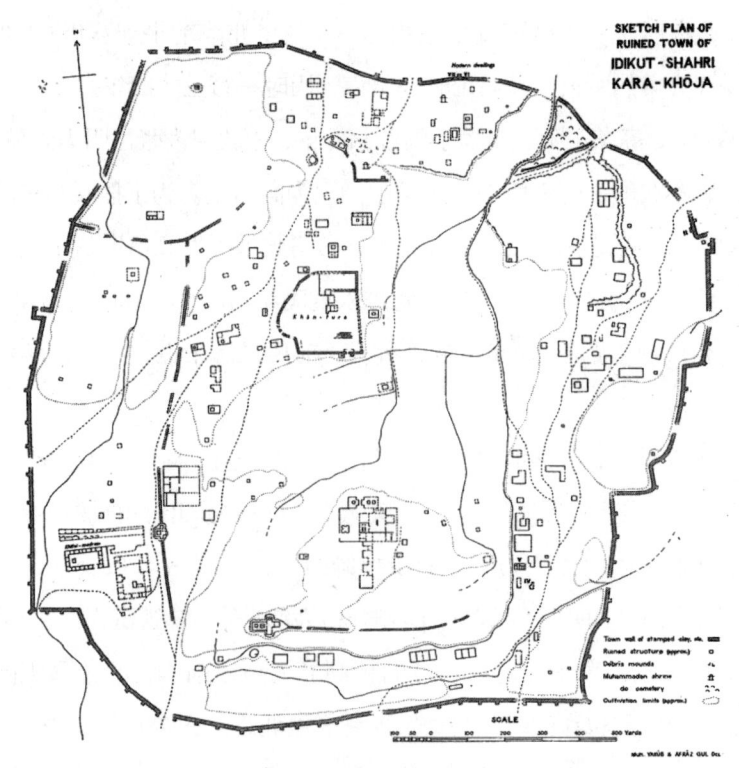

斯坦因测绘高昌平面图

高昌故城

　　高昌故城现存三重城墙，外城外有护城河，均已经破坏严重，各自的年代和性质也争论纷纭。高昌故城外城平面呈不规则的方形，南北略长，东西稍窄。总面积198万平方米[①]。城垣保存较好，外城墙基厚12米，残高5—11.5米，周长约5440米（南墙1420米，北墙1320米，西墙1370米，东墙1320米）。外城有马面，马面间距大约30—45米。

　　1962年，阎文儒对高昌故城进行考察，指出高昌故城分外城、内城、宫城三部分，外城"从残存的痕迹来看，西、南两面的城垣，比较完整，西垣有两个门，北端的门，还保存了曲折的瓮城；北、东两面的城垣，也可能有两个门；南垣有三个缺口，如果正中的缺口，也是门的遗迹，那么就是三个门了"[②]。按照阎先生的说法，高昌故城存在着九个门，

---

① 根据较新的测量数据，高昌故城总面积为198万平方米。见新疆维吾尔自治区文物局、新疆画报社：《新疆丝绸之路文化遗产》，新疆青少年出版社，2010年，第50页。孟凡人（2000）文章中给出的数据是220万平方米，不知何据。
② 阎文儒：《吐鲁番的高昌故城》，《文物》1962年第7、8期。

即东、西、北垣各二个门，南垣三个门。根据对航空卫星图片的译解，外城东、西、南三垣至少有五个城门带瓮城，并且瓮城的形制各有不同。我们认为，诸门瓮城形制的不同或许是修建年代不同的一种反映。根据对高昌城碳十四标本测年，时代落在公元390—1160年之间，分别对应北凉、麴氏高昌、高昌回鹘三个时期，证明外墙是经过多次修建的。

吐鲁番出土文书提到高昌城有青阳门、建阳门、金章门、金福门、玄德门、武城门和横城门等名，大致可以还原出这七门分别对应东垣南门、东垣北门、西垣南门、西垣北门、北门、南垣西头第一门、北垣西门。吐鲁番出土文书还提到一个鹿门应该是高昌外城南垣东头第一门。不难看出高昌外垣诸门的命名很大程度上是受了汉长安城、汉魏洛阳城以及前凉姑臧城的影响。尤其是东面诸门的命名上表现得最为明显。

内城位于外城中部。平面呈南北长方形，南北长约1000米，东西宽800米，方向北偏东。西墙、南墙保存相对较好，东墙、北墙则几乎不存任何遗迹。西墙距外城西垣约300米，南墙距外城南垣约200米。墙体为夯筑，夯层厚度与外城墙相近。东北角地势较高，东南角有土台基，北面正中和西北角有部分建筑基址。

阿斯塔那墓地出土的《高昌章和十八年（548）光妃文书》称"高昌大城内"[1]，说明6世纪初时高昌已经有了内外城之分。而德国考察队在可汗堡附近发现的《沮渠安周造寺功德碑》记述了安周承平三年（445）捐宅造寺之事[2]，可以推知内城部分原应为沮渠氏的住地。新疆考古所发掘的内城西墙发现城墙下部原生土墙基高达4.5米。这表明内城的建筑年代应不晚于外城。总之，就目前所知的这些资料，我们可知：

（一）内城的始建年要早于外城，现在的内城城圈始建时代应不晚于公

---

[1]《吐鲁番出土文书》第2册，第144页。
[2] 池田温：《高昌三碑略考》，谢重光译，《敦煌学辑刊》1988年第1—2期，第146—161页。

元4世纪初；（二）前凉、北凉时代，内城应是高昌官署所在；（三）内城曾有沮渠安周的住所，而后捐为佛寺。

可汗堡位于高昌故城的北部。平面呈长方形。东西长200米，南北宽300米。后宫墙就是外城的北城垣，西城垣还剩几段残基。南宫城就是内城的北垣。东宫城完全被破坏。中间为一座基址，上面有高达15米的高耸建筑物，东部坍塌。塔基为正方形。阎文儒先生认为，可汗堡不可能是高昌王的王宫，"即使是王宫，也应是唐以前高昌国王的宫城；而不是唐以后回鹘高昌的宫城"。这个说法是比较合理的。可汗堡出土的《沮渠安周造寺功德碑》、善业塔，表明可汗堡可能就是沮渠安周所捐建的大寺。《大慈恩寺三藏法师传》称高昌王宫侧"别有道场，王自引法师居之"，所指的可能也是这处遗址。

宫城呈长方形，在全城最北部。后宫墙即外城北垣，西面还有部分残基，大致可以看出城基走向。南墙即内城北垣。东墙完全破坏，情况不明。宫城区"基址的夯土层，多厚35—48厘米，与元大都、库车旧城最晚的城垣的夯土层，大致相同。因此可以推测，这个宫城的殿基，可能是回鹘高昌中、晚期所建造的"[①]。

高昌城及其周边相关遗址包含了多种不同宗教，充分反映了西域多元文化共存、交融的特点。

《魏书·高昌传》称高昌"俗事天神，兼信佛法"。学者一般多认为这里的天神一部分包含祆教信仰在内。1965年，吐鲁番安伽勒克出土的北凉写本《金光明经》卷末题记：

> 庚午岁八月十三日，于高昌城东胡天南太后祠下，为索将军佛子妻息合家写此金光明一部，断手讫竟。笔墨大好，书者手拙，具字而已。

[①] 阎文儒：《吐鲁番的高昌故城》，《文物》1962年第7—8期。

其中"庚午"纪年，一般认为是北凉承玄四年（431）[1]。这说明，至少公元5世纪时高昌城东就建有祆祠。而且从"于高昌城东胡天南太后祠下"这句话中，我们还可以推断出这座祆祠在当地应该为人所熟知，因此才会被作为标识太后祠的地理参照。说明高昌郡时期祆教在高昌地区普遍流行，并且有固定的祭祀场所。

阿斯塔那M524出土的《高昌章和五年（535）取牛羊供祀帐》提到"供祀丁谷天"。丁谷天即位于丁谷的祆祠。根据《西州图经》判断，丁谷应在今吐鲁番鄯善县的吐峪沟。1981年，新疆吐鲁番文管所在鄯善县吐峪沟沟口西岸崖壁上清理了两座墓葬，各出土一具典型的祆教徒纳骨器。说明吐峪沟不仅有祆祠，还有祆教徒的葬地。

1

2

吐峪沟出土的纳骨器

---

[1] 饶宗颐：《穆护歌考》，载饶氏著《选堂集林·史林》，香港：中华书局，1982年，中册，第480页。

吐鲁番摩尼教石窟的发现始于20世纪初。1902年至1914年间，德国柏林民俗博物馆出资，先后由格伦威德尔和勒柯克带队在新疆进行了四次考察，在吐鲁番柏孜克里克、胜金口、吐峪沟、交河故城、高昌故城等遗址做了大量发掘工作，出土了大批古代写本。这些写本主要为佛教、摩尼教以及景教文献。

一般认为，高昌故城中德国考察队编号为K和α的遗址是摩尼教寺院，其中K遗址中就有一个摩尼教寺院的藏书室。柏孜克里克石窟第38窟（格伦威德尔编号第25窟）、第27窟（格伦威德尔编号第17窟）、格伦威德尔编号第22窟（森安孝夫编号第35窟）、第8窟（格伦威德尔编号第1窟的北邻窟），都是摩尼寺。1980年，在清理柏孜克里克千佛洞第65窟（旧编第21窟）时又发现三件粟特文、五件回鹘文的摩尼教徒书信。表明第65窟也可能原为摩尼教洞窟。这些摩尼教石窟原先都成组分布，构成一个个寺院。寺院中各个窟各有其特殊功能。

以往有学者提出吐峪沟、胜金口也有摩尼教寺院，但学术界有很多不同意见。近年，我在吐鲁番考古发掘时，发现吐峪沟、胜金口两处石窟群中有一些洞窟形制比较奇特，并不是佛教石窟的形制。尤其是胜金口石窟北区整个形制基本就是按照摩尼教仪轨修造。因此，我个人认为，吐峪沟、胜金口两处石窟群中还有一些摩尼教寺院值得注意。

世界遗产视野下的「一带一路」

1

2

3

4

66　　　　　　　　　　　　　　　　　　　　　　　　　　　　　　　　格伦威德尔编号 α 寺院

高昌摩尼教壁画

高昌摩尼教文书

高昌故城周边的景教遗迹见于勒柯克的考察报告《火洲》一书。根据勒柯克的描述，该教堂位于高昌故城东北角，出城过河后往南即是。

这一处教堂经过多次改建，残存三个房间。C室北墙壁画骑士高2米，额头上方有黄色十字架，右肩上扛一旗杆，旗杆一端为十字架。C室东墙上部也是一骑士像，已残，仅剩左脚可辨，下部有四个人物。左侧一男子身形高大，左手持香炉，右手捧一钵。右侧三人身形较小，手持树枝，前面两人为男子，后面一人为女子。

勒柯克曾经一度怀疑C室东墙壁画可能是摩尼教题材，后来认为是基督教壁画，因而才将该遗址认定为景教教堂。他还进一步指出，壁画的题材是基督徒在复活节前一个星期天所举行的某种宗教仪式，而风格上则受到拜占庭的影响。实际上，早在勒柯克之前，格伦威德尔已经隐约地指示了C室东墙壁画与拜占庭之间的联系。吉村大次郎则指出，壁画中左侧高大的形象为耶稣，右侧三人分别对应彼得、约翰及玛利亚，手上所持为棕榈枝，表现的内容为基督教"圣枝节"（Palm Sunday）。典出《新约·约翰福音》第十二章，即人们手持棕榈枝，迎接耶稣进入耶路撒冷。在《圣经》中，耶稣骑的是驴，因此原先被认为壁画上半部残存所画马腿，实际上是驴腿。

我们相信高昌故城景教教堂的描绘耶稣进入耶路撒冷的壁画应该是圣像复兴之后的产物，也就是说应该是9世纪中叶以后的作品。因此可以推测，教堂的修建年代不晚于9世纪中叶。

早期基督教教堂有纵向式和集中式两种基本形制。纵向式从古罗马巴西利卡（Basilica）发展而来，特点是有一条明确的纵向轴线，室内空间较大，主要用于教徒的礼拜场所，朝向西。欧洲各地基督教教堂普遍采用纵向式（亦称拉丁十字式）。集中式后来在拜占庭文化中发展为希腊十字式，朝向东。从拜占庭时期开始，基督教教堂几乎总是朝东的，即教堂的主入口在西端，半圆室（设祭坛）位于东方。从布局和朝向，以及叙事性壁画内容安排来看，高昌景教寺院应该是受到了拜占庭的影响。

德国考察队还在吐鲁番北部的布拉依克（Bulayïq）发现一处景教废寺，在其中找到大量的用叙利亚语、粟特语、中古波斯语、新波斯语、回鹘文等书写的基督教写本。

五、碎叶城西秋月团——碎叶古城

碎叶（Sujab）在唐代西域史上地位极为重要，碎叶城一度为唐安西四镇之一，是唐朝统治西域的重镇。

玄奘《大唐西域记》卷一简略记载了碎叶城的方位和概况："清池西北行五百余里，至素叶水城。城周六七里，诸国商胡杂居也。土宜糜、麦、蒲萄，林树稀疏。气序风寒，人衣毡褐。"现代学界大多认为，碎叶古城位于今吉尔吉斯斯坦北部的托克玛克（Tokmok）西南8公里阿克·贝希姆（Ak-Bešim）村附近，地理坐标东经75°12′22″，北纬42°48′10″。此地西距比什凯克（Biškek）约60公里，处于楚河流域上游。

从更大的地理单元来看，碎叶处在中亚地区著名的七河流域最东端。七河流域主要由巴尔喀什湖盆地和楚河盆地组成，这两个盆地的平均高度为海拔300—400米，最低点是楚河盆地。楚河盆地呈东西走向，长200公里，最宽处80公里，两边雪峰平均高度3700米，山里多温泉，谷地气候宜人。楚河流域东连伊塞克湖（Issykul），西接塔拉斯盆地，并可与费尔干纳（Ferghana，又作拔汗那）谷地相通。楚河流域是欧亚草原的重要通路。这里地势平坦，水草丰茂，自古就是游牧民族重要的活动区域之一。

从苏联考古学家科热穆亚克（P.N.Kožemjako）绘制的楚河流域考古地图上看，仅带有城垣的古城就有18座之多，其中13座位于南入楚河的支流上,而3座位于北入楚河的支流上。这些古城一般相距10—14公里,有的彼此间距离甚至不到3公里。阿克·贝希姆在这些遗址中居于东端,其东南则是布拉纳古城(巴拉沙衮)。布拉纳古城也被列入了申报丝绸之路世界文化遗产的第一批遗址之中。

碎叶城在中国为很多人所知,主要因为与李白有关。范传正《唐左拾遗翰林学士李公新墓碑文》记载李白的先世"隋末多难,一房被窜于碎叶"。

碎叶城的科学研究始于19世纪末。到1903年,法国著名汉学家沙畹在其名著《西突厥史料》一书中根据汉文史料,首次提出碎叶城如不在托克玛克原址,必在其附近不远。1961年,又有英国突厥语言学家吉拉德·克劳森(Gerard Clauson)依据苏联学者科兹拉索夫的发掘报告推断阿克·贝希姆遗址就是汉文史料中著名的碎叶城。不过,他们的观点并没有引起太多重视,多数学者仍然认为阿克·贝希姆就是巴拉沙衮,而碎叶城在其他地方。1982年,碎叶罗城佛寺遗址意外发现一段先后任过唐安西都护、安西副都护、碎叶镇压十姓使的杜怀宝为亡父母冥福造像碑基座,至此阿克·贝希姆遗址即碎叶城之说最终成为定谳。

关于碎叶城的营建和形制,汉文史料中只有很简略的记载。《新唐书》卷四十三下《地理志》七下称:"碎叶城,调露元年,都护王方翼筑,四面十二门,为屈曲隐出伏没之状云。"《旧唐书》卷一八五上《王方翼传》:"又筑碎叶镇城,立四面十二门,皆屈曲作隐伏出没之状,五旬而毕。西域诸胡竞来观之,因献方物。"汉文史料称王方翼五旬筑城而毕带有夸大的成分,实际上王方翼应是在碎叶旧城的基础上进行改扩建。

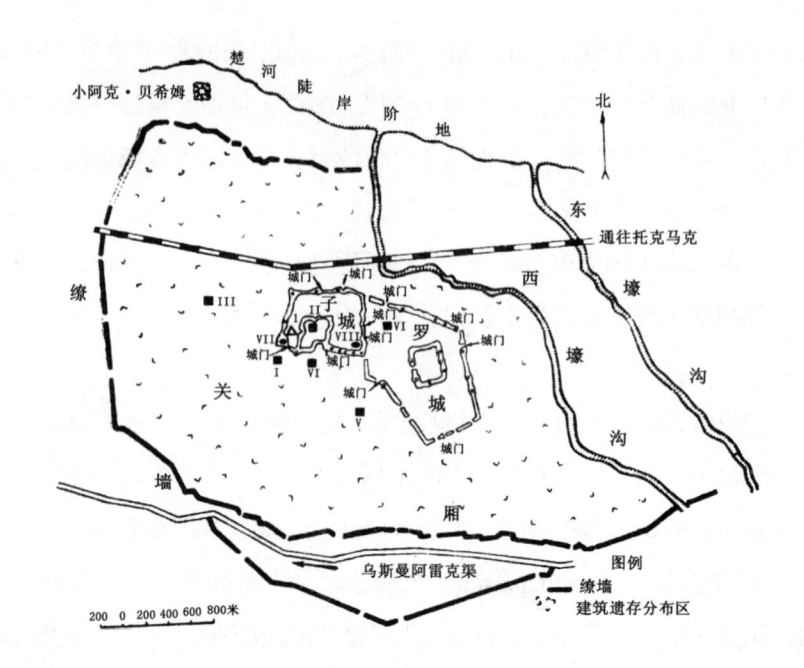

碎叶城布局图

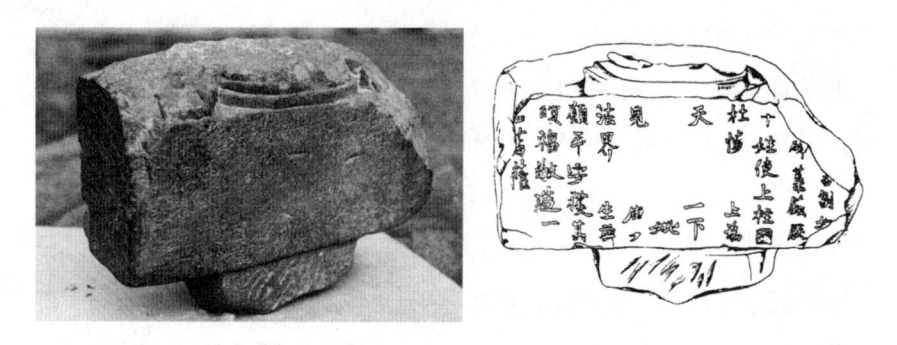

碎叶镇压十姓使杜怀宝造像记

现存的阿克·贝希姆古城可分为大城和内城两部分。内城又由子城（šahristan）、宫城（citadel）和罗城（rabad）三部分组成。

大城城墙南、西、北三边环绕，东面则为两道西北—东南向的壕沟。大城西北以外不远处有一座平面呈正方形的遗址，当地称为小阿克·贝希姆。

子城在古城西北隅，建立在丘冈之上，平面呈不规则四边形，面积约35公顷。从地理位置来看，这里是碎叶城的中心部位。子城内有住宅区，城内有南北—东西向的十字街。1953—1954年的考古发掘表明，子城文化层丰富，共有5—10世纪的四个文化层。罗城位于子城之东，平面呈不规则五边形，面积约60公顷。城垣总长约3970米。南、北、东三面共开五座城门，加上子城东墙相连的二个城门，共有七个城门。

从考古发现来看，由于有不同人群杂居，碎叶城内也有不同宗教遗址共存。

目前为止，碎叶古城一共发现三座佛寺，其中两座位于子城南垣外侧（分别称为碎叶第一、第二佛寺遗址），一座位于罗城南段。

第一佛寺，位于子城西南100米处的土岗上。包括山门、中庭、佛殿三个部分，依次排列顺土岗逐级升高。平面呈长方形，东向开门。残墙高约3米。最东面的山门呈"凹"字形，门道南北两侧各开一门，门内东西三间，为僧舍。前殿正壁中部门道两侧左右分别塑释迦和交脚弥勒像。塑像均用苇骨或木骨泥胎，彩妆。后殿正中为4.8米见方、高3.6米的像台。后殿发现一尊大型青铜佛像，以及12件镂空青铜饰牌。外墙与后殿间为回廊。前殿和回廊均绘壁画。科兹拉索夫认为第一佛寺年代为7—8世纪，一些学者据此认为第一佛寺遗址即王方翼所建之大云寺。有苏联学者还提出了第一佛寺的复原方案，山门和佛殿部分为平顶，中部为近似清真寺的穹顶。这种复原方案明显是不了解汉式建筑的臆造。

第二佛寺遗址平面近似正方形，山门朝北。寺院有两重围墙。出土有像台和塑像残片，壁画以立佛为主。内墙三面环绕佛堂，形成内廊。由院落有两门可通往内回廊。内回廊地面散满壁画残片，以及塑像残片、像台、菩萨头、莲花座等等。佛堂北侧为一长方形院落。佛堂平面呈十字形。佛堂东、南、西壁三面开龛，各壁龛前有像台。发掘者推断第二佛寺年代为7—8世纪。

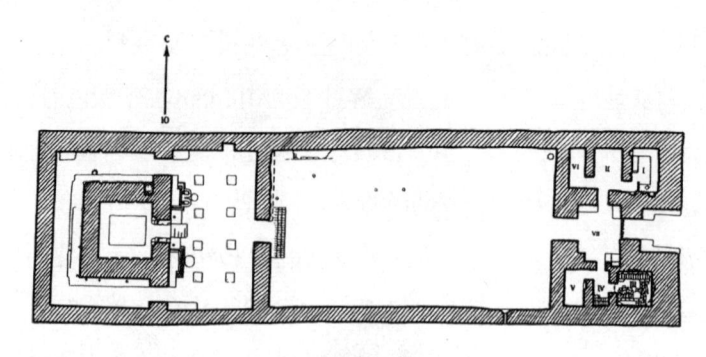

第一佛寺平面图

阿克·贝希姆古城已经发掘的景教教堂有两处。第一处教堂位于碎叶子城东垣以东165米处的土岗，第二处教堂位于子城东南角。

第一景教教堂，通长36米，宽15米，东西向。由庭院、圣堂和侧室三部分组成。庭院位于最西侧，长方形。庭院四周排列立柱，可知原来是回廊。庭院东接圣堂，圣堂平面呈折角十字形。有三个壁龛，墙壁上还残留壁画。圣堂南侧有一长方形侧室，墙上有小壁龛，内有青铜十字架。教堂出土的遗物中有4枚突骑施钱币、1枚乾元重宝。发掘者推测，第一景教教堂的年代为公元8世纪。

在这处教堂墙基下、庭院内，以及四周，共发现18座景教徒墓葬，时代早于教堂的建筑年代，可能是目前所知中亚最早的基督教徒墓地。

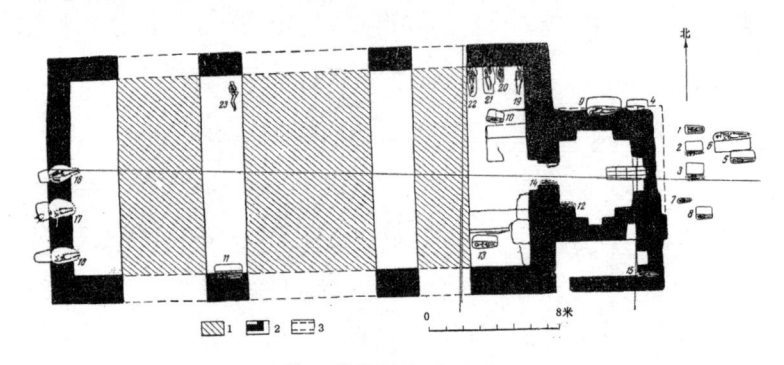

第一景教教堂平面图

第二景教教堂可分为4个区，自南向北编号A、B、C、D。A区时代最早，B、C、D三区为后来增建。

最南端为A区，包括圣堂（2号）、拱顶列厅（1号，4—8号），以及3号、9号建筑。2号建筑内出土两枚突骑施钱币，壁画有回鹘文题记。6号建筑绘花卉图案顶饰。4号建筑是中亚典型的葡萄酒作坊，7号、8号建筑可能为葡萄酒窖。B区以21号建筑为中心，西侧为18×30米的院落。其中，23号建筑分两层，下层发现人骨。24号建筑内发现粟特文题写书名的经书残片。C区主体25号建筑，西侧是一处10×31米的院落。D区在最北端，包括26—28号建筑。

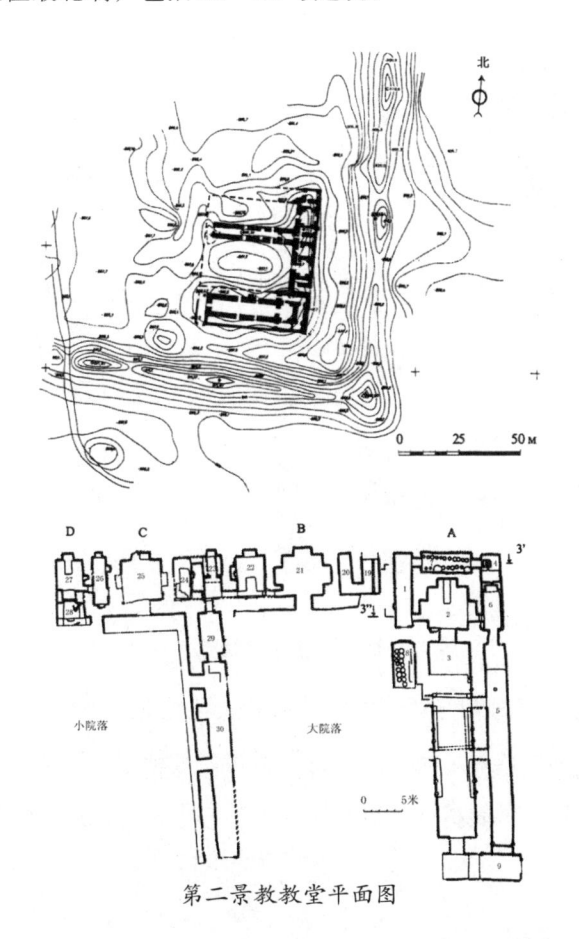

第二景教教堂平面图

第二景教教堂2号建筑壁画残片

　　罗城城垣西南有一处遗址，铺条砖、花纹砖。其中有27块十字架圆形砖。有学者认为是城堡，还有学者认为是琐罗亚斯德教的寂灭塔。从十字架砖和十字架水罐来看，我们更倾向于认为，这两处均为景教徒墓葬。

景教徒墓葬平台北半部有一正方形坑穴，面积 0.95×0.9 平方米，深 0.9 米。出土正方形和椭圆形纳骨器（ossuary）残片，其中一件有树叶纹饰。在台地东段还有一处墓室，东西向，长约 4 米，宽约 0.7—1.2 米，高 1.2 米。墓室里发现三个带盖的椭圆形纳骨器残片、两件完整头骨。这两处则应为琐罗亚斯德教徒墓葬。

上述的考古材料表明，碎叶城不仅因为"诸国商胡杂居"而有祆教、景教，还因为唐代管辖所及而带去了中原汉地的佛教，以及其他一些中原式建筑。类似这样多元文明共处一城的现象，很好地展现了丝绸之路古代城镇的多彩面貌。

第四讲：

海上丝绸之路与风帆贸易

姜 波

一、海上丝绸之路的内涵

海上丝绸之路是古代人们借助季风与洋流，利用传统航海技术开展东西方交流的海上通道，也是东西方不同文明板块之间经济、文化、科技、宗教和思想相互传输的纽带。简言之，海上丝绸之路就是古代风帆贸易的海上交通线路。参与海上丝绸之路贸易活动的族群主要有：古代中国人、波斯—阿拉伯人、印度人、马来人以及大航海时代以后的西方殖民贸易者。

以古代中国为视角，海上丝绸之路形成于秦汉时期，成熟于隋唐五代，兴盛于宋元明时期，衰落于清代中晚期。海上丝绸之路既包括国家管控的官方贸易，也涵盖民间自发的贸易形态。官方贸易以郑和下西洋（1405—1433）为巅峰，民间贸易则以明代"隆庆开海"（1567）为标志，曾一度达到极度繁盛的状态。

从世界范围内来看，以风帆贸易为主要特征的海上丝绸之路，其时代下限应以蒸汽轮船的出现为标志。风帆贸易的显著特点是：1.借助季风与洋流，故航线是由地理环境因素决定的；2.以帆船为运载工具；3.导航技术上借助罗盘或天文导航（"牵星过洋"）；4.参与贸易活动的主要是古代中国人、印度人、波斯—阿拉伯人；5.贸易品主要是地域特产或传统手工作坊产品。进入蒸汽轮船时代以后，海洋贸易发生了显著变化：1.动力系统不再依赖季风与洋流，航线可以有较大的人为选择；2.轮船取代传统的木质帆船；3.由于海洋测绘技术的发展，具有经纬度的海图结合罗盘成为主要的导航手段；4.西方殖民贸易者成为海洋贸易的主角；5.蒸汽机是工业革命的标志，近现代工业产品逐渐成为海洋贸易品的主流。

还有一点值得提出的是，从中国的角度来看，进入蒸汽轮船时代以后，中国海洋贸易的管理机制也发生了重大改变。自唐代以来，中国封建王朝为了管理海外贸易，开始在海港城市设立"市舶司"一类的管理机构，其功能类似于今天的海关。这种体制下的贸易，历经宋、元、明、清，一直延续至清代广州港的"十三行"而不变。清末由于《辛丑条约》的签订，中国彻底丧失关税自主权（赔款以海关税和盐税作为担保，使得中国海关被西方国家完全控制），东方国家传统意义上的海上丝绸之路贸易彻底沦为殖民贸易，在海洋贸易性质上是一个重大转变。

海上丝绸之路反映了古代不同文明板块之间及其内部的文化交流。从很早的时候，就形成了相对独立的贸易圈，如东北亚贸易圈、环南海贸易圈、孟加拉湾贸易圈、波斯湾—阿拉伯海—红海—东非贸易圈和地中海贸易圈，由此而对应形成了古代东亚儒家文明圈、印度文明圈、波斯—阿拉伯文明圈和地中海文明圈。

由不同族群主导的海上贸易活动形成了各自的贸易线路与网络，古代中国人的海上贸易线路，以郑和航海时代为例，其主要的海上航线为：南京—泉州—越南占城—印尼巨港—斯里兰卡"锡兰山"（加勒港）—印度古里（卡利卡特）—波斯湾忽鲁谟斯（霍尔木兹）。这条航线将环南海贸易圈、印度—斯里兰卡贸易圈和波斯—阿拉伯贸易圈连贯成一条国际性的海上贸易网络，并进而延展至东非和地中海世界。进入地理大发现和大航海时代以后，西方殖民贸易者建立了有别于古代波斯—阿拉伯人、印度人和中国人的贸易航线，如葡萄牙人的贸易线路为：里斯本—开普敦—霍尔木兹—果阿—马六甲—澳门—长崎；西班牙人的贸易线路为：菲律宾马尼拉港—墨西哥阿卡普尔科港—秘鲁。澳门—马尼拉则是对接葡萄牙人贸易网络与西班牙人贸易网络的航线。

从地域上来看，海上丝绸之路文化遗产以沿海的泉州、广州、宁波、南京等海港遗址为代表，包括漫长海岸线上遗留的古代港口遗迹、导航设施、海洋贸易设施、祭祀遗迹、船厂与沉船遗址、生产设施等。

港口遗址是海上丝绸之路文化遗产的代表性遗存。中国境内的主要海港遗址有广州港、泉州港、福州港、漳州港、宁波港、南京港、扬州港、合浦港、登州港等。海外的港口，主要有越南的占城、印度尼西亚的巨港（旧港）、马来西亚的满剌加（马六甲）、斯里兰卡的加勒港、印度的古里（卡利卡特）、波斯湾口的忽鲁谟斯（霍尔木兹）等。西方殖民贸易时期形成的港口则主要有：里斯本、开普敦、霍尔木兹、果阿、马六甲、巴达维亚、马尼拉、澳门、长崎等。

由于海上丝绸之路的发展，形成了诸如广州、泉州、马六甲、古里等著名国际海洋贸易集散港口，同时还形成了诸如斯里兰卡、琉球、马尔代夫这样的贸易枢纽。而在古代中国，由于面向东南亚和东北亚海外贸易的发展，分别形成了广东上下川岛和浙江舟山群岛两个"放洋之地"（即"出海口"）。

二、季风与洋流：作为风帆贸易的海上丝绸之路

海上丝绸之路是人类交通文明的智慧结晶，它的形成经历了漫长的历史进程，季风与洋流则是影响海上航行最重要的自然因素。

无论是古代中国、印度、波斯—阿拉伯还是地中海世界，人们很早就不约而同地发现了季风的规律。以中国东南沿海与东南亚地区为例，

每年的冬季，盛行东北季风，风向从中国东南沿海吹向东南亚；每年的夏季，盛行西南季风，风向从东南亚的印度尼西亚、马来半岛一带刮向中国东南沿海。正因南海海域的季风存在这样明确而守时的规律，古代中国航海家称之为"信风"。居住"季风吹拂下的土地"上的人们，天才地利用季风规律，开展往返于中国东南沿海与东南亚地区之间的海洋贸易，冬去夏回，年复一年。

作为连接太平洋与印度洋的马六甲海峡，正好位于季风贸易的十字路口，古代船队到达这里的港口以后，需要停泊一段时间，等候风向转换，再继续航行，由此形成了印尼的巨港和马来西亚的满剌加两大海港。中国雷州半岛的徐闻、印度西南岸的古里，因为也是季风转换的节点，所以很早就成为海洋贸易的港口。

风帆贸易的传统，使得"祈风"成为一种重要的海洋祭祀活动。泉州九日山的祈风石刻，

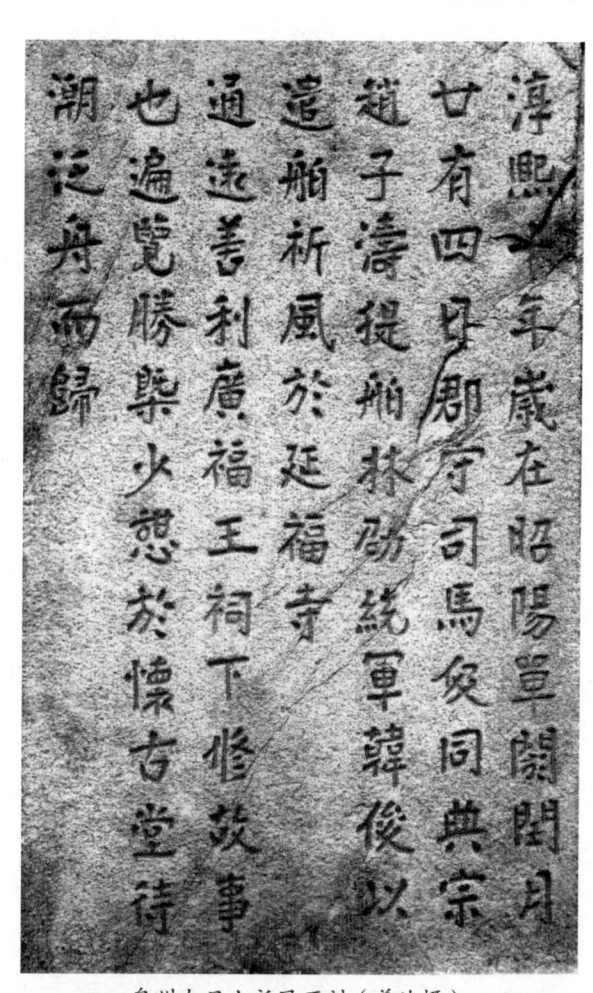

泉州九日山祈风石刻（姜波摄）

便是这种祭祀传统留下的珍贵遗产。祈风石刻位于福建省南安县晋江北岸的九日山上，现存北宋至清代摩崖石刻75方，其中航海祈风石刻13方，记载自北宋崇宁三年（1104）至南宋咸淳二年（1266）泉州市舶司及郡守等地方官员祈风的史实，堪称研究宋代泉州港海上丝绸之路的珍贵史迹。

洋流也是影响海上航行的重要因素。例如太平洋西岸的黑潮，是流速、流量都十分强劲的洋流，对古代福建、台湾海域的航行有重要影响。横跨太平洋的"大帆船贸易"（1565—1815），正是因为西班牙人发现了北太平洋洋流规律（即北赤道暖流—黑潮—北太平洋暖流—加利福尼亚寒流的洋流圈），才得以实现菲律宾马尼拉—墨西哥阿卡普尔科港之间的航行。

自然因素影响下的风帆贸易，决定了海上丝绸之路航运特征。首先，由于季风的转向与反复，使得双向交流互动成为可能。其次，季风的季节性和周期性，使海洋贸易也具备了周期性的特征，如从中国东南沿海去东南亚，冬去夏归，一年一个周期；如从中国去往印度洋，则需在马六甲等候风向转换，再加一个年度周期完成在印度洋海域的航行，故郑和前往波斯湾等西洋地区，至少要以两年为一个贸易周期。最后，由于季风与洋流的影响，使海上丝绸之路具有港口转口贸易的明显特征，即中国航海文献所称"梯航万国"，像阶梯一样一站一站地实现货物的转运，同时也使海洋贸易达到前所未有的规模与广度。

三、板块与传统：海上丝绸之路的人文因素

海上丝绸之路是不同文明板块之间交流的海上通道。由于自然资源与人文传统的不同，基于各自的地理单元，旧大陆形成了不同体系的文明板块，各板块的资源、产品、科技、宗教与思想存在自身的独特性，

使交易与交流成为可能。

以中国为核心的东亚板块,参与海上丝绸之路的贸易品主要有丝绸、瓷器、茶叶、铁器、铜钱等;东南亚板块则有名贵木材、香料等;印度—斯里兰卡板块则有宝石、棉布等;波斯—阿拉伯板块则有香料、宝石、玻璃器、伊斯兰陶器等;地中海板块有金银器、玻璃等;东非板块则有象牙、犀牛角等(殖民贸易时代甚至"黑奴"也成为贸易品)。大航海时代以后,美洲的白银、欧洲的羊毛制品等也成为重要的贸易货物。

从考古实证来看,海上丝绸之路已经使古代世界形成国际性的贸易网络,我们不妨以中国龙泉窑的一种产品——龙泉窑荷叶盖罐为例,来

韩国新安沉船出水龙泉窑荷叶盖罐

解读日本学者三上次男先生所谓的"陶瓷之路"。在龙泉窑大窑枫洞窑址上发现了荷叶盖罐的残件，确证这种产品的主要烧造地点就在浙江龙泉窑；在宁波港"下番滩"码头和泉州港宋代沉船上均发现了荷叶盖罐，结合文献记载，证明宁波港、泉州港是此类瓷器集散和装运出海的港口所在；韩国新安沉船是元至治三年（1323）宁波港始发的一条商船，船上发现的荷叶盖罐可以看作是此类陶瓷产品装运出海的考古实证。翻检海上丝绸之路各沿线港口遗址考古材料，可以看到荷叶盖罐在东南亚、日本、琉球、印尼、波斯湾、东非、土耳其等地均有发现，"窥一斑而知全豹"，由此可以看出中国外销瓷从窑址到港口到海外终端市场的贸易网络。

再如古代从海外输入中国的宝石，源出于印度、斯里兰卡等地，却在中国明代墓葬中大量发现，尤以北京发掘的明定陵（万历皇帝朱翊钧与孝端、孝靖皇后合葬墓，下葬年代 1620 年）和湖北钟祥发掘的明梁庄王墓（梁庄王朱瞻垍与夫人魏氏的合葬墓，下葬年代 1451 年）为著。明墓发现的宝石，品种主要有红宝石、蓝宝石、猫眼石、祖母绿等（世界五大品类的宝石唯有钻石尚未发现，但文献记载有海外采购之举）。郑和航海文献，详细记述了郑和船队在海外采购宝石的史实，如巩珍《西洋番国志》载"（忽鲁谟斯）其处诸番宝物皆有。如红鸦鹘（红宝石）、剌石（玫瑰色宝石）、祖把碧（绿宝石）、祖母绿（绿宝石）、猫睛石、金刚钻、大颗珍珠……"云云，特别是书中记述的宝石名字，还是按波斯语中的称呼来记载的。与梁庄王墓宝石一同出土的还有郑和下西洋带回的"西洋金锭"，生动佐证了这些宝石应该是从印度、斯里兰卡等产地或满刺加、忽鲁谟斯等交易市场购入的。

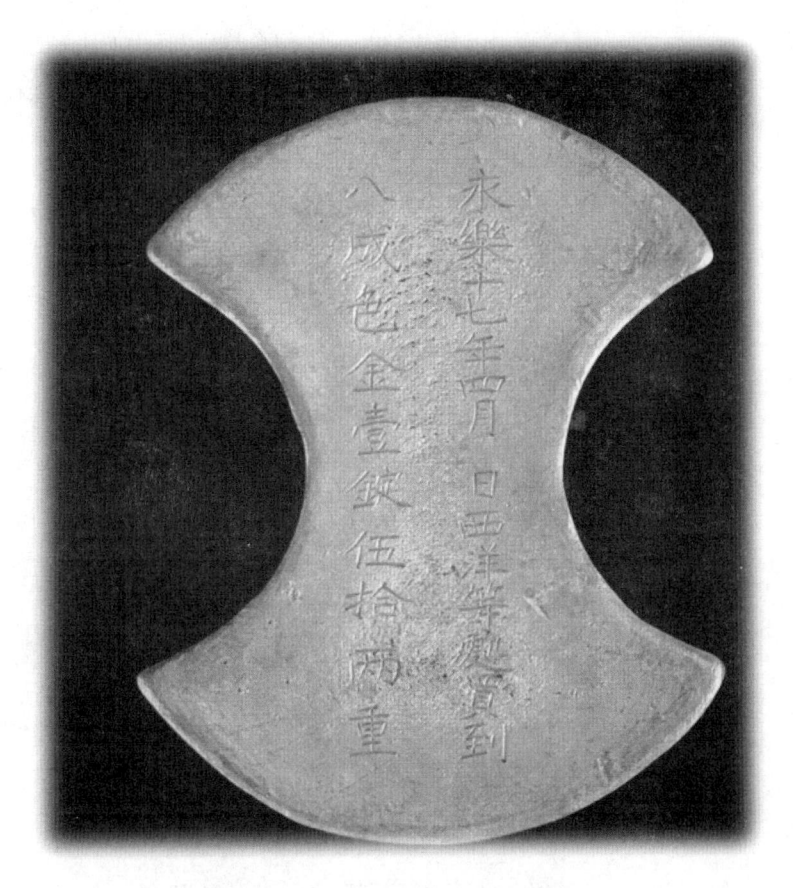

明代梁庄王墓出土的"西洋金锭"

四、海上丝绸之路的文化遗产与历史价值

  海上丝绸之路留下的珍贵遗产生动展示了各文明板块之间的文化交流，使我们可以通过解读港口、沉船和贸易品等考古遗迹，探究海上丝绸之路上古代族群、语言和宗教的交流史实。
  海上贸易与族群之间的交流，首先需要解决语言交流的问题。泉州出土的多种语言碑刻，展示了作为国际性海港城市的族群与语言多样性。

例如，泉州发现的元代至治二年（1322）"阿含抹"墓碑，用汉文与波斯文书写（阿含抹本人是一名波斯与汉人混血儿），说明当时的泉州有波斯语族群。波斯语是当时海洋贸易的国际通用语言，正因如此，郑和下西洋时曾专程前往泉州，在泉州招聘翻译，史称"通事"。《星槎胜览》和《瀛涯胜览》的作者费信与马欢，就是当年郑和在泉州招聘的两位"通事"，其传世之作成为研究郑和航海的珍贵史料。

海上贸易活动，需要有通用的货币与度量衡，以方便实现价值交换。中国铜钱，以其轻重适宜、币值稳定且携带方便成为东北亚、东南亚海上贸易的流通货币，甚至于成为周边国家的流通货币。由于货币外流过甚，以至于宋元明清政府不得不颁布限制铜钱出口的政令，以遏制铜钱外流造成的国内货币短缺。韩国新安沉船出水中国宋元铜钱28吨，总数高达800万枚之多，由此可见中国铜钱外流之严重，也印证了中国铜钱在东亚国际贸易中的重要地位。与此相对应，在阿拉伯海——印度洋海域，金银币成为海洋贸易的流通货币，而这一现象，竟被中国古代文献记载下来，《后汉书·西域传》载："（大秦）以金银为钱，银钱十当金钱一。与安息、天竺交市于海中，利有十倍。"与货币一样，海上贸易也促使不同地区在度量衡制度方面展开交流，这些既有文献依据也有考古实证，比如印度的杆秤与中国的天平，学界早有讨论。有意思的是，韩国新安沉船上出水了中国宁波港商人携带的秤砣——"庆元路"铁权，堪称海上贸易在度量衡交流方面的实证。

作为海上丝绸之路的运输工具——帆船，也存在着造船工艺的交流。中国帆船（以福船为代表）、阿拉伯帆船和西班牙大帆船是历史上有名的海船类型。以宋代海船为例，著名者有"泉州湾宋代沉船""南海一号""华光礁一号"等，均系福船类型的代表之作。印度尼西亚海域发现的印旦沉船、井里汶沉船、勿里洞沉船等，虽然船货以中国瓷器为大宗，但船型均属阿拉伯帆船。菲律宾海域发现的"圣迭戈"号沉船，则是西班牙大帆船的代表。现存英国国家航海博物馆的"Cutty Sark"号茶叶贸易船，则可以看作是殖民贸易时代晚期快速帆船的典型代表。这里要特别提到的是，由于海上丝绸之路上的交流，造船工艺也出现了中西交流的现象，宁波发现的"小白礁一号"可以看作是一个典型的例子。这艘清代道光年间的沉船（发现了越南和日本钱币），造船工艺方面既采用了中国传统的水密隔舱和舱料捻缝工艺，也采用了密集肋骨、防渗层等外来造船工艺。又，据学者研究，横跨太平洋贸易的西班牙大帆船，也有不少是福建工匠在马尼拉修造的。

不但造船工艺存在中外技术交流，导航技术也有技术交流的史实。一般认为，以马六甲海峡为界，以东的南海海域，主要采用中国古代的罗盘导航技术，形成"针路"航线；以西的印度洋海域，主要采用阿拉伯的天文导航技术，即文献中的"牵星过洋"。令人称奇的是，反映郑和航海线路的《郑和航海图》，既准确绘出了南海海域的"针路"，同时在海图的末端，即波斯湾附近，画出了北极星，正是阿拉伯"牵星过洋"的印迹。作为海上丝绸之路晚期导航所用的海图，也出现了中西绘图技术的交融，如牛津大学包德林图书馆所藏《东西洋航海图》（17世纪早期海图），既可以看出中国传统山水地图的影子，也可以看出西方正投影海图的绘图方法。

泉州清净寺遗迹（始建于1009年。姜波摄）

海上丝绸之路反映了不同族群、语言与宗教之间的交流，突出地体现了文明交流与对话的遗产价值。泉州港的开元寺（佛教）、真武庙（道教）、天后宫（妈祖）、清净寺、摩尼寺以及印度教、景教遗迹，生动展示了国际海港宗教文化的多样性。斯里兰卡加勒港出土的"郑和布施锡兰山碑"，是郑和在永乐七年（1409）竖立的，碑文用汉文、波斯文、泰米尔文三种文字书写，分别记述了中国皇帝向佛教、伊斯兰教和印度教主神供奉的辞文，堪称反映海上丝绸之路上不同族群、语言和宗教相互交流的代表之作。

第五讲：

清代的中西交通及其特点与作用

王开玺

2014年中央提出了"一带一路"的建设问题，这是我国的重要发展战略。"一带一路"，发端于中国，联结贯通中亚、南亚、西亚，远至欧洲各国，涉及亚太经济圈和欧洲经济圈，覆盖44亿人口，可以带动沿线各国的经济发展，促进各国人民的共同繁荣。"一带一路"的主要内涵，概括起来就是"五通三共同体"。所谓的"五通"，就是政策沟通、设施联通、贸易畅通、资金融通、民心相通；所谓的"三共同体"，就是利益共同体、责任共同体和命运共同体。

国家图书馆举办世界遗产视野下的"一带一路"专题系列讲座，前几期的几位先生从历史遗产或是考古学的角度讲述了相关内容。"一带一路"的设想，是在中国古代丝绸之路的基础或启发下提出来的。中国古代陆上或海上的丝绸之路也好，今天的"一带一路"也罢，实际都是在讲中国与外国的交往关系。今天我则从历史学的角度，客观讲述清代中西交往的历史状况，及其所具有的特点与作用等，期望大家通过对中外交通、交往历史的认知，自我体会"一带一路"的相关问题。

其实，无论是以前的中西交通，还是现在的"一带一路"，并非都是坦途和鲜花，其中也会有血与火，也会布满荆棘，对此人们要有忧患意识，一定要有思想准备。

大家可能会产生一个疑问：既然是讲中西交往，为什么我在此标出的题目却是中西交通，而不是中西交往或中西关系呢？这就是我要讲的第一个问题，"交通"一词的释义。

一、"中西交通"一词的释义——并非毫无意义

我们在论析"清代的中西交通"之前，首先有必要讲清楚，在此为何我们要使用"交通"，而不是"交往"，也不是"中西关系"这样的名词。现今，我们一讲到"交通"，大家首先想到的，就是人们出行时的交通工具以及与交通运输相关的问题。这是很自然的，也是很正确的。但是，八九十年前，却并非如此。

20世纪二三十年代以前，日本学者将日本与西方国家的关系，称为"东西交通史"。中国的一些学者很可能是受此影响（近代以来，中国的许多名词皆是从日文中借用过来的，如"支部""书记""改良"等等），也纷纷将中国与西方各国的关系史称为中西交通史，许多论及中外交往的史学著作，皆冠以中外"交通史"之名，而不是中外交往史或关系史。其中最著名的有张星烺先生于1930年编注出版的《中西交通史料汇编》、现代史学家向达先生于1934年出版的《中西交通史》、方豪先生于1953年至1954年出版的《中西交通史》等。另外，还有胡若时编译的《中西交通》（初集、二集）、朱杰勤的《中西文化交通译粹》、刘伯骥的《中西文化交通小史》等。

《中西交通史》，向达著，上海中华书局，1934年

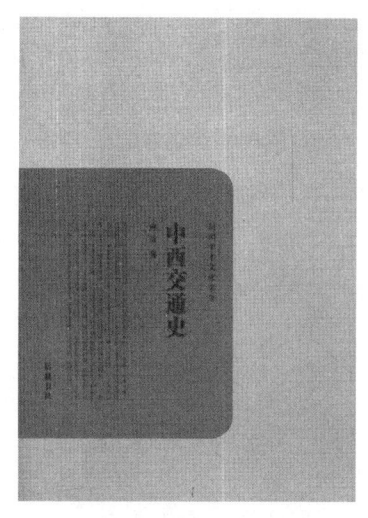

《中西交通史》，向达著，岳麓书社，2012年

《中西交通史料汇编》，张星烺编注，中华书局，1977年

《中西交通史料汇编》，张星烺编注，中华书局，2003年

20世纪前半期的这些学者，为什么要将其著作命名为"交通史"呢？张星烺先生在《中西交通史料汇编》中，并未做任何的说明和解释。在当时的他看来，这大概是一个再正常不过而无需说明解释的问题。方

豪先生对于以"交通史"称谓相关历史的利弊得失,有自己的认识与分析。他在《中西交通史》导言中解释说:"'交通'二字之英译,当为 Relation 或 Intercourse,则采用'关系'二字,实较妥切。然名字确立之最要因素,乃为'约定俗成';如在应用上能确定其含义,则其本身纵稍嫌不当,亦不至有重大影响。此本书之所以仍沿用旧称也。[①]"也就是说,他虽然认为"关系史"较"交通史"更为准确,但鉴于学界以往约定俗成的现实,故此他才仍然沿用"交通"一词。

当时许多学者之所以将中西交往史或是中西关系史称为中西交通史,除了受到日本学者的影响外,我认为最主要的原因是"交通"一词,非常契合于中国文字、文化的内在语义。在中国的许多语词之中,有许多属于文意相近的两个字组成的复合词。复合词中有并列式复合词,诸如威严、高大、礼仪、慈祥等等。"交通"一词,即属于并列式复合词。此外,还有偏正式复合词,如慈母、恩师;支配式复合词,如告急、改正、说明;主谓式复合词,如家居、目击、日蚀;动补式复合词,如变通、知己、观光等等。

"交通",是"交"和"通"二字二义的复合名词。"交"字有多种含义,其中之一即是互相来往联系,例如,交流、交易、交涉等;另一个含义是与人相友好,如交朋友、交好等。这两种含义与我们理解的中西交往,基本上是一致的。而"通"字也有多种含义,但其本义则是没有阻塞之意,例如,通风、通气、通行、四通八达等。

当然,人们将中西交通史称为中西关系史或是中外交往史或是中外关系史,也没有错误。现今的学者将其定名为中外关系史,则更为普遍而且准确。这是因为,"中外"一词的内涵要大于"中西"一词。中外关系史是中国与各个外国之间关系最为广义的定义,更能涵盖中外之间

---

① 方豪:《中西交通史》,上册,岳麓书社,1987年,第2页。

的一切关系内容。例如，日本在地理学方面，肯定属于东半球，就此而言，近现代的中日关系，应该同属东方国家间的关系，若以东、西方关系论之，确有不当之处。但是若就政治制度或经济发展水平而言，日本则属于西方世界，其现为西方八国集团成员国之一即是明证，就此而言，以东、西方的关系视之，则又是准确恰当的。

笔者在此之所以仍然沿用"交通"二字，并非厚古而薄今，是古而非今，除了前辈学者早已使用这一名词，并取得可喜的研究成果以外，更在于清代特别是清代中期以前，"交通"一词的含义是有别于交往的。"交往"，主要是指双方或多方相互之间在某一历史时段，正在进行着的交往关系，包括政治、经济、思想、文化等各个方面，其重点在于"交"，在于中西方之间实质性的交往过程与内容，基本处于正在进行着交往的时态。而"交通"二字，当然也包括"交"，即相互交往的意思，但更多更主要的则在于"通"，基本属于将交而未交的时态。若就"交"与"通"的相互关系而言，"通"虽然仅是中西交通的一种形式、方式，但却是中西交往必不可少的一个必要前提。"中西交通"一词，较"中西交往"或"中西关系"，更能体现近代中国中西交往初始阶段的时代特点，包含有较为明显的此时尚未交往或即将交往的状态。

在那时，中外之间存在着诸多政治的、经济的、思想的或是文化等方面的矛盾，真正的交往与交流存在着很多很大内在的阻隔与障碍，但另外一个现实的外在问题是，中外之间并未能达到真正的道路开通，需要开辟中西交往的陆路通道或海路航线。也就是说，此前中西交往的一个必要前提，即是如何打通彼此交往的通道，从某种意义上说，没有必要的"通"，就不可能有真正的"交"。

东汉的许慎在《说文》中解释说："通，达也"；《易·系辞》中说："往来不穷谓之通"。《国语·晋语》中有"道远难通"之语，在其注中解释说，所谓的"通"，即是"至也"。

大家都非常熟悉西汉时期的张骞曾奉武帝之命前往西域，准备联合生活在那里的大月氏等部落民族，以"断匈右臂"，其与西域各国联合，共同对付匈奴人的外交色彩极其浓厚。但是人们，包括我们的中学或是大学历史教材，之所以大多标题为"张骞通西域"，主要是特别强调张骞开通了中原与西域交往的通道，不再如以前那样中西隔阻了，更强调其"通"的作用与贡献，意在彰显张骞的"凿空"之功[①]。所谓"张骞通西域"的"通"字，和我们在此所强调的"通"字，在当时具有一定探险色彩，具有筚路蓝缕、创榛辟莽，寻找和开通相互交往道路的开创性作用。

20世纪五六十年代，特别是80年代以后，虽然很少再有学者使用"交通史"，而是以"中外关系史"来命名自己的著作了，但学界并未完全摒弃"交通史"的称谓，更未否定"交通史"的研究成就。例如，张维华1983年在《文史哲》上发表了题为《略论中西交通史的研究》的论文；2002年王东平在《史学史研究》上发表的论文，题目为《张星烺先生对中西交通史研究的学术贡献》，等等。台湾的辅仁大学历史系于2000年曾举办过"七十年来中西交通史研究的回顾与展望——以辅仁大学为中心"的学术讨论会（张星烺曾任辅仁大学历史系主任）。甚至还出版有《海交史研究》这一学术刊物，如朱杰勤的《对于中国海外交通史研究的管见》一文，即是发表在《海交史研究》杂志1985年第1期上。

缘此种种，笔者在此以"中西交通"为名，并不过时，也并非文不对题的信口雌黄，任性而为。

---

① 古字"空"通"孔"，所谓"凿空"，即是开辟孔道之意。南朝刘宋裴骃的《集解》引前人苏林："凿，开；空，通也。骞开西域道。"唐代司马贞的按语为："谓西域险厄，本无道路，今凿空而通之也。"

二、 清代中西交通的两种形式与路径

清代的中西交通主要有两种形式。

第一种，是民间的交通形式。

在清代民间的交通、交往方式中，中国民人主动前往的地区，主要是集中在东南亚一带，如越南（当时的安南国、占城国）、马来西亚（当时的满剌加，今译为马六甲）、菲律宾（当时的苏禄国）、印度尼西亚（当时的苏门答腊国、爪哇国）、加里曼丹岛上的文莱（当时的渤泥国，有学者认为渤泥国即印度尼西亚，误），但很少有人远涉重洋到西亚甚或更远的欧洲。除了造船与航海技术的限制，以及路途遥远等原因外，其中的一个最主要原因在于，清代实行闭关锁国政策，严禁中国沿海的民人百姓制造大型船只，进行远海的渔业捕捞和贸易经商。

清朝初年，为了镇压郑成功等反清势力，清朝统治者曾实行"寸板不许下海"的严厉禁海政策。清政府收复台湾以后，清廷的议政王大臣会议于1684年5月（康熙二十三年四月）议定："今海内一统，寰宇宁谧，满汉人民，相同一体"，此后可以允准中国民人"出洋贸易，以彰富庶之治"。康熙帝旨准"开海贸易"[①]，一度开放了海禁。但同时清廷又明确规定，商民出海之船，只准使用单桅，载重不得超过五百石。凡擅自打造双桅、载重超过五百石以上的船只出海者，皆治以发边充军之罪。

1703年，清廷虽然放宽了对于船只桅杆的限制，凡"出洋贸易商船，许用双桅"，但仍明确规定，出海商船的"梁头不得过一丈八尺"。而一般的渔船，"梁头不得过一丈"[②]。这种对所造船只的大小和吨位的限制，从根本上限制了中国人远航西亚甚至欧洲各国的可能。

[①]《清实录·圣祖仁皇帝实录》，卷一百二十，第五册，中华书局，1985年，第263页。
[②] 崑冈等修：《钦定大清会典事例·兵部绿营处分例·海禁一》，卷六二九，《续修四库全书》，第807册，第753页。

在清廷的各种限制中，虽然并未完全隔断中国与欧洲各国的交通，但这一交通的主动者，却并非始自中国人民，而是西方殖民国家的冒险家和商人，呈现出单向，而不是双向互为交通的情况。清代早期，主要是葡萄牙、西班牙、荷兰等国的商人来华贸易，还有传教士，其后是英国、法国等国家的商人，也有许多传教士。清朝初年来华的传教士有如南怀仁、蒋友仁、汤若望、郎世宁等人，中后期有如马礼逊、丁韪良、林乐知、李提摩太等等。

第二种，是官方的交通形式。

在谈到清王朝的对外态度时，人们大多论定，清廷长期以来实行了闭关锁国的政策。从清廷的总体对外态度而言，这一说法和认识是正确的。但是我们不可做望文生义式的机械理解。就中外之间的通商贸易而言，清代早期曾在广东之澳门（一说在黄埔）、福建之漳州、浙江之宁波、江南之云台山，分别设立有粤海关、闽海关、浙海关、江海关等四处海关，以便于中外通商贸易。后来清政府虽宣布封闭闽、浙、江三海关，但仍保留了粤海关，以对外通商。

若就中外的官方往来而言，除了外国的使臣来华之外，清廷也曾向西方国家派遣过自己的使团和使臣，开展过一些外交活动。过去学者们说，1868年2月由原美国驻华公使蒲安臣率领中国使团，出访美国、英国、法国、俄国等西方各国，或是1876年12月初郭嵩焘出使英国，是中国向西方国家派出的第一个官方使团，这一说法颇为值得商榷。实际上，早在雍正年间，清廷即曾派出了两个使团出访俄国，并觐见了俄国的女皇。

在清代前期，荷兰、葡萄牙、西班牙等国，都曾派遣官方使团来华，例如1726年（雍正四年），葡萄牙国王派遣的麦德乐使团；1752年（乾隆十七年），葡萄牙国王派遣的巴哲格使团来华等。但是，也有一些使团是由其在东亚、东南亚地区殖民当局派出的。

英国的伊丽莎白女王，曾于1583年（明神宗时期）派遣商人约翰·纽伯里携带着女王给明朝皇帝的信件来到东亚，旋因途中被葡萄牙人发现并截获而未果；1596年（亦为明神宗时期），伊丽莎白女王又任命英国商人班假明·伍德为使臣，携带有女王给明朝皇帝的信件。不幸途中又遇葡萄牙人的舰队，结果全体人员覆亡，中英之间未能建立起联系[①]。

其后，英国还曾从本国三次向中国派遣正式使团。大家所比较熟悉的有1793年的马戛尔尼使团、1816年的阿美士德使团。此外，还有一个更早的卡斯卡特使团。该使团1787年12月（乾隆五十二年）从英国启航来华，但因卡斯卡特于途中病逝，遂返航归国。

英国使臣马戛尔尼　　　英国使臣阿美士德

俄国与清廷的官方使团来往较英国要频繁得多。自1654年2月俄国沙皇派遣的巴伊科夫率使团来华始，至1725年的萨瓦使团止，俄国共计向中国派遣了七个外交使团（分别是巴伊科夫、阿勃林、米洛瓦诺夫、尼古拉、义杰斯、伊兹玛依洛夫和萨瓦使团），并在北京觐见了清朝的皇帝。另外，还有1805年9月来华的戈罗夫金使团，但因该使团在蒙古地区即与中国发生了外交礼仪的纷争，而旋即返回了俄国，未能

---

① 参见萧致治、杨卫东编：《西风拂夕阳：鸦片战争前中西关系》，湖北人民出版社，2005年，第48、70页。

抵达北京。

清代中西交通的路径或道路，主要有陆路与海路两条。

第一条，陆路通道。

在我们现今人们的心目中，从清王朝的首都北京前往欧洲的道路，似乎应该是自北京向西，走河西走廊，再经过新疆，过帕米尔高原，进入俄国国境，再向西，抵达莫斯科，而后再至欧洲的其他国家。中国古代从中原地区通往西域各国，如西汉张骞通西域，或是古代的丝绸之路[①]，大致就是这样的，只是起点略有不同而已。

其实，清代中西交通的路径或道路并非完全如此，当时自中国到俄国或是欧洲各国的通道，大致是从北京出发向东北，经过热河（即喀喇河屯）、齐齐哈尔、额尔古纳村、涅尔琴斯克（尼布楚），再辗转西行至莫斯科，然后再转向西欧各国。当然，俄国使团来华时的路径，也大致如此。

另外，还有一条陆路通道的路径同样鲜为人们所知，即是从北京或中原地区，经过内、外蒙古至俄国，再到欧洲各国。

一些西方国家的耶稣会传教士往来于中国与欧洲，或是通信等等，亦大多经过这一陆路通道。1719年，俄国外交部曾明确指令来华的伊兹玛依洛夫，他到达北京后应该尽力争取留在北京，并取得康熙帝信任的"耶稣会教士出面斡旋"，"以取得他们的帮助"。而争取耶稣会传教士帮助伊兹玛依洛夫的交换条件，即是俄国可以"许诺耶稣会教士经由西伯利亚通信"[②]。也就是说，俄国可以为耶稣会教士提供人员和信件的过境权，使其来往于中国和欧洲各国更为便捷。

[①] 对于丝绸之路，切不可望文生义，机械性地理解为中外之间丝绸贸易之路。丝绸之路实际上是连接中国腹地与欧洲诸地的商业、贸易通道，更可理解为古代东方与西方之间进行经济、政治、文化交流的途径与通道。

[②] [法]加斯东·加恩：《彼得大帝时期的俄中关系史》，商务印书馆，1980年，第154—155页。

第二条，海路通道。

中国古代的海上丝绸之路，沟通了中华文明、印度文明、波斯文明、阿拉伯文明和希腊文明等，加强了当时几个人类文明之间经济与文化的联系与交流。

在清代，西方国家来华的荷兰人、葡萄牙人和西班牙人，皆是通过海路而来，其基本路线是从欧洲各国南下，沿非洲的西海岸线，绕过好望角后，折而向北、向东，再经过马六甲海峡，北上中国广东，沿中国东南海岸北上天津、北京。

1869年苏伊士运河开通以后，西方来华的路线发生了重大的变化，不再绕行好望角，而是直接通过苏伊士运河，沿南亚海岸线东行，中西交通的路程大大缩短。

在清代早期，通过海路进行中西交通的，基本上是荷兰人、葡萄牙人和西班牙人；清代中期时，英国人、法国人也相继东渐而来，基本上呈现出自西徂东的单向交通的状况，很少有中国人通过海路抵达欧洲各国。鸦片战争，特别是第二次鸦片战争以后，封闭的中国开始走向世界。1866年清廷派前山西襄陵知县斌椿率数名同文馆学生，随英人赫德赴英、法等国进行一次观光性质的出访；1876年候补侍郎郭嵩焘出使英国，就"马嘉理事件"向英国表示歉意，后在伦敦设立使馆常驻英国；1901年醇亲王载沣就德国公使克林德在义和团运动中被杀一事赴德国致歉，都是走的这条海路。

三、清代中西交通的特点

如前所述，早在中国古代即有多次的中西交通，最著名者为陆路上的张骞通西域、海路的郑和下西洋。清代的中西交通与古代的中西交通有无不同？如果有，那么有何不同呢？我认为，归纳起来大致有以下五个特点。

第一，中西交通的主动力发生了明显的变化。

大家都知道，在明代以前，中国始终是当时世界上政治制度先进、社会经济发达、思想文化博大精深的先进国家。在中国古代，虽然也有一些域外国家或地区的物产，如西域的葡萄、核桃、石榴、苜蓿等植物，以及胡琴等乐器传入中原地区，印度的佛教思想和教义等也传入了中国，但是，就中国古代的整体过程和全时段而言，中国始终是以先进物质文明和精神文明输出国的姿态而出现或存在的，呈现出明显的中华文明向周边国家和地区辐射和扩散的色彩。

然而到了清代，伴随着英国、法国等西方资本主义国家的兴起，他们不但建立起较中国更为先进的资本主义政治制度，社会生产力得到了长足的发展，其思想文化也同样处于当时世界各国的先进地位。中国渐渐地落后了，但当时的中国人并未很快意识到这一点。清代的中期和后期，西方资本主义国家为了攫取廉价的生产原料，开辟广阔的商品市场，开始大规模地向东方扩张，逐渐成为中西方交通的主动力。

第二，中西交通的主要道路发生了明显的变化。

在中国古代，中西交通的主要道路是陆路，如张骞通西域等。其后，虽然仍有陆路的中外交通，如明代的陈诚，曾于永乐十一年、十四年、十六年、二十二年四次出访西域各国，侯显也曾五次出使西番，但此时的海路交通也开始发达起来。

以往人们讲到海路交通，总是讲明代的郑和七次下西洋。最近陕西文物保护工作者和地方志工作人员在对泾阳县的一座神道碑进行研究时发现，早在唐代德宗（780—804）时，就有外交使节杨良瑶奉命航海下西洋，比郑和整整早了620年。这座唐杨良瑶神道碑碑文，记载了杨氏家族的起源，侍奉皇帝、内平祸乱、外抚异邦等史实。最重要的是记载了杨良瑶作为唐中晚期唐德宗的外交使节，航海下西洋，抵达远在中东地区的黑衣大食，也就是今天的伊拉克等国家和地区。

但是，影响最大、最为著名、在世界航海史中占有重要地位的，还是郑和于永乐三年、五年、七年、十一年、十五年、十九年和宣德六年，七次下西洋。另外，明王朝还曾派遣张谦、谭胜、尹庆、杨信、周航等人率舰队多次下西洋。

然而到了清代，虽然陆路的中西交通仍然存在，但主要是维持与俄国的交通往来。中西交通的主要道路是海路，无论是西方国家的商人，还是外交人员，或是对华侵略的军队等等，大多是经由海路而来。

第三，中西交通的区域范围发生了明显的变化。

在中国古代，中西交通的区域范围，大多局限于中国现今的版图之内，如张骞通西域时。后来明代的郑和下西洋时，虽然到达过非洲的东部，但尚未远达欧洲各国。

然而到了清代，中西交通的范围扩大到了欧洲各国，且不论欧洲各国的商人或外交使节自西而东来到中国，即是中国的外交使节到了1876年以后，也逐渐扩展至世界各主要资本主义国家。尤其值得一提的是，1868年清廷聘请原美国驻华公使蒲安臣、英国人柏卓安、法国人德善，再加上清政府的海关道志刚、礼部郎中孙家谷共五人组成中国使团，出访欧美各国。

该使团于1868年2月25日自上海出发，首先横渡太平洋远航美国。然后又横渡大西洋前往欧洲，先后访问了英国、法国、瑞典、丹麦、荷兰、普鲁士、俄国、比利时、意大利、西班牙等欧美十一个国家，于1870年10月18日回到上海，历时两年八个月，这是清廷向欧美派出的第一个外交使团。其所行经的路线，已远远不再仅仅是地理学或地理方位意义上的东、西方交往，而是环球性的东、西方交往了，故此有人称此次出访为"世界性的出使"。

第四，中西交通中的官方，或是官商结合的色彩发生了明显的变化。

大家都知道，西汉时期的张骞是奉汉武帝之命而出使西域各国的，其主要目的是争取联合西域的大月氏等国，共同对付匈奴的侵扰活动。张骞出使西域后，虽然在客观上促进了中原地区与西域各国的文化交流，但却基本不具有商人或商业贸易的色彩，其官方的军事、外交色彩极其浓厚、明确。至于明朝初年郑和下西洋的主要目的究竟是什么，史学界存在着不同的认识。

有的学者认为，郑和率领这样一支庞大的船队下西洋，主要是为了广泛招徕海外的朝贡使节，宣扬明王朝统御天下的德威。因为明成祖即位后不久即向海外宣称："今四海一家，正当广示无外，诸国有输诚来贡者听。"[1]希望尽快形成"四夷率土归王命，都来仰大明。万邦千国皆归正，现帝庭，朝仁圣。天阶朝列众公卿，齐声歌太平"[2]，万方来朝的盛世局面。

有的学者则认为，郑和率领庞大的船队下西洋，主要是为了寻访建文帝的下落，消灭建文帝的残余势力。这是因为燕王朱棣通过"靖难之役"，虽然攻陷了南京，"入继大统"，但建文帝的生死下落始终不明，"成祖疑惠帝亡海外"[3]，担心建文帝联络海外诸国东山再起，故派郑和出洋"访建文踪迹"[4]。

还有的学者认为，郑和率领庞大的船队下西洋，其主要目的是为了进一步加强中央专制集权，将其皇权势力伸展到经济领域中来，利用国家的力量垄断自宋元以来日渐发达的海外贸易，换取皇室所珍贵的海外奢侈品。

---

[1]《明实录·太宗实录》，卷十二上，第七页，第六册，台湾"中研院"历史语言所校印本，第205页。
[2] 张廷玉等撰：《明史》第五册，卷六十三，中华书局，1974年，总第1569页。
[3] 张廷玉等撰：《明史》卷三百二十五，总第7766页。
[4] 赵翼：《永乐中海外诸番来朝》，王树民校证：《廿二史札记校证》，中华书局，1984年，第772页。

无论郑和下西洋是否包含有追求商业利益的色彩，其官方的政治色彩仍是十分明显的。

然而到了清代，就中国方面而言，中西方的交通，在陆路上基本上是清政府官方的对俄交往与交涉；在海路方面，主要是派遣官员考察西方各国，或是向西方各国派遣常驻公使，官方的政治外交色彩仍是不言而喻的。而就外国方面来说，则始终呈现出官商相结合的色彩，无论是荷兰、西班牙、葡萄牙，还是俄国、英国等，都是如此。

俄国派往中国的许多使团，都同时兼具外交和商业的双重色彩。例如，1692年俄国派往中国的伊兹勃兰特·义杰斯使团，其伊兹勃兰特·义杰斯本人就是荷兰富商，因与沙皇保持有密切的私人关系，故受沙皇之命来华。其来华的首要目的，是要清楚地了解清政府对于中俄《尼布楚条约》以及中俄两国未定边界的态度。此外的另一重要使命，即是"在北京尽量争取一切机会，研究市场情况、各种资源、产品及其价格、关税负担，并研究哪些俄国产品适合于输往北京，以及哪些中国产品最有利于俄国财政部"。为此，俄国使臣可以采取一切办法，包括"送礼物和馈赠"[①]等贿赂手段。1719年伊兹玛依洛夫使团来华时，俄国的商务部和外交部分别给伊兹玛依洛夫下达了明确而完备的训令。

亦正因如此，清代的学者何秋涛在《朔方备乘》一书中，记载俄国的尼古拉（尼果赖）·加甫里洛维奇·斯帕法里使团来华时说："康熙十五年，贸易商人尼果赖等至，圣祖仁皇帝召见之，赐察罕汗书，谕边界事，是其国通贡之使，即已兼携方物贸易，是以尼果赖一人或称陪臣，或称商人也。[②]"

1793年来华的英国马戛尔尼使团，1816年来华的阿美士德使团，

[①] 参见[法]加斯东·加恩：《彼得大帝时期的俄中关系史》，第68页；尼古拉·班蒂什·卡缅斯基：《俄中两国外交文献汇编》，商务印书馆，1982年，第89页。
[②] 何秋涛：《朔方备乘》，卷三十七，咸丰十年刻本，第2—3页。

同样具有非常明显的英国政府与商人利益双重代表的色彩。这两个使团不但代表英国政府向清廷提出诸多政治、外交的要求，而且代表英国的东印度公司[①]，向清政府提出了许多经济、商贸等方面的要求。例如，东印度公司董事会正副主席给马戛尔尼的第一号指示文件，即是要求马戛尔尼特别注意以前本公司"致已故之卡斯卡特上校之训令"，设法使清廷同意英商在中国"获得一居留地"，"获取在广州以北各埠贸易之特权"，"废除公行之专利权"[②]等。如果人们知晓了英国派往中国的使团，虽为英国国王所派遣，但其经费却为东印度公司所提供，即可完全理解其同时所具有的官与商双重色彩的原因之所在了。

第五，中西方之间交通的时间大大缩短。

在清代的前期，中国与西方国家的来往交通，主要是自中国的东北，经西伯利亚向西至俄国的西部。这一陆路的交通，一般需要一年或是更多的时间。例如，俄国尼古拉·加甫里洛维奇·斯帕法里使团，1675年3月自莫斯科出发，1676年1月来到中国的嫩江。中俄两国使臣在此因外交礼仪问题的交涉耽搁了两个月，5月抵达北京。共用了一年多的时间。1719年7月16日，伊兹玛依洛夫使团自圣彼得堡出发，1720年11月18日到达北京，也是用了一年多的时间。1725年10月12日，萨瓦使团从彼得堡出发，1726年10月21到达北京，用时整整一年。

但是，后来中西方开通了海路交通的路线，特别是苏伊士运河开通以后，自欧洲到印度或中国的里程缩短了五六千公里，用于路途中的时间也大大缩短。例如，郭嵩焘出使英国时，1876年11月10日出京，12月2日自上海启航，1877年1月21日抵达英国首都伦敦，用时不过两个多月。如果自其从上海启航算起，尚不到五十天的时间。当然现在乘

[①] 1600年，英国商人在伦敦成立了伦敦商人对东印度贸易公司，后来取得英国女王给予的在东亚地区的贸易垄断特权。

[②] 朱杰勤译：《中外关系史译丛》，海洋出版社，1984年，第198页。

坐飞机就更快了，至多不过十几个小时。

四、清代中西交通的历史作用与影响

清代的中西交通，不仅仅影响作用于中国，而且影响作用于全世界。也就是说，清代的中西交通，无论是在中国的近代历史上，还是在世界的近代史中，都发挥着重要的历史作用，并产生着深远而广泛的影响。我认为，清代中西交通的历史作用与影响，大致可以归纳为以下四点。

第一，中西方不再是重重的阻隔，而是从此开始了密切联系的全球一体化进程。

在古代的人类社会中，由于社会生产力水平的极度低下，世界各地被高山或是大河、大洋分隔成几个重要的人类早期文明地区；同时，由于交通与通信工具的极度落后，世界各地区甚至是各地区内各国人民的交往条件受到极大的限制，基本处于老死不相往来亦无法往来的状况。后来，伴随着社会生产力的不断发展，特别是蒸汽动力船只的出现，人们有了来往于世界各国、各地的可能，从而缩小了人们交往的空间距离；世界各地区的互相往来，不再是重重险阻，难于上青天，"天涯若比邻"，也已不再仅仅是人们的美好幻想和憧憬，将全球变小为一个"地球村"，正日益成为社会的现实。清代的中西交通，打破了中西方交往的地理空间障碍，加快了中国与西方国家政治、经济、思想、文化等各方面的联系。

第二，在中国对外交通、交往的历史长河中，起到了承前启后的历史作用。

在中国的古代社会，中原地区的统治者，即与周边的国家或部族地区进行过某些交往。在强盛的西汉朝、唐王朝和明王朝时期，中国的统治者充满了国家与政治上的自信，更是多次派遣使臣出使西域各国；明王朝还多次遣使往赴西亚、东非地区各国。现代中国与世界各国的各种交往更是密切。近代以来，国人皆认为清王朝实行了严格的闭关锁国政策，完全封闭和断绝了对外的交往与交流。这一认识并不完全正确。实际上，清代的中西交通，无疑是中国对外交通、交往这一整体链条中重要的一环，起着极其重要的承前启后、上下连接的作用。

第三，改变了中国传统的闭关锁国政策，加快了中国封建社会的解体过程，虽然中国并未能与世界的发展速率同时、同步，但却保持了与世界各国发展的同一进步方向。

清代以前，由于世界各国长期的相互隔绝，以及其他种种原因的限制，中西方各国对对方几乎完全不了解。在此，我们姑且不论中国人是如何的不了解西方人，同样西方人也不了解中国和中国人。例如，古希腊人认为，"赛时斯（意为产丝之国，即中国）人身高逾十三肘尺，寿愈二百岁"[①]。13世纪的威尼斯商人马可·波罗父子，亲身游历中国后写成了著名的《马可·波罗游记》一书。但此书并没有真实客观地介绍中国的政治、经济、思想、文化等，而是以一种商人的特有拜金眼光，近似荒诞的夸张手法，将中国描绘为到处是金砖铺地、金瓦盖屋的黄金世界，向西方世界传递了许多错误的历史信息。

早在明末清初，西方的一些天文历法、物理算学、生物地理、美术建筑，包括武器制造等知识，即开始由西方的传教士伴随着宗教哲学思想而传入中国。西方其他各种门类自然科学知识的传入，我们姑不详谈，亦难以详谈，仅就部分天文仪器和兵器的传入，即可窥其一斑。

服务于清廷的耶稣会传教士、比利时人南怀仁，不但帮助清廷仿照西方的样式仿造了神威无敌大将军炮和神威将军炮数百门，而且编译了介绍制炮原理和工艺的《神武图说》等军工书籍。此外，自1674年（康

---

① 转引自钟叔河：《走向世界——近代知识分子考察西方的历史》，中华书局，1985年，第4页。

熙十三年）至1752年（乾隆十七年）期间，南怀仁等外国传教士还先后制造了赤道经纬仪、黄道经纬仪、地平经仪、地平纬仪等几十种天文仪器，并附图分别加以说明解释，著有《新制灵台仪象志》等天文学著作[①]。

自从清代特别是近代中西交通以来，外国的政治、军事势力逐渐侵入了中国。与此同时，他们的一些先进政治制度、社会生产、文化思想等等，也相继大规模地传入了中国。中国向国外派遣的外交使团或是专门的考察人员，到达西方资本主义各强国以后，更是为其强盛的国力和先进发达的科学所震惊、折服。

清廷于19世纪70年代以后派往西方各国的中国外交人员，除其自身所必须履行的外交使命外，还肩负有另一项重要的任务，即他们必须将所到国家的"一切山川形势，风土人情，随时记载，带回中国，以资印证"[②]。正是由于有了这一规定，清廷出使或是考察西方各国的官员们，才留下了十余部出使日记，我们才能看到现今出版的由钟叔河主编的"走向世界"丛书。

这些出使人员出国后，犹如到了另外一个世界，真正亲身感受到西方的政治制度与理念，亲身接触到西方的物质文明，其思想上的触动之深可以想见。1731年清廷的托时使团、1732年清廷的德新使团在俄国期间，都曾参观过那里的工厂和博物馆等。1866年，清廷派遣斌椿等人随赫德赴欧洲各国观光考察，斌椿就曾对英国君主表示，自己"得见伦敦屋宇器具制造精巧，甚于中国。至一切政事，好处颇多"[③]。19世纪70年代以后，出使英、法、德、美等国家的外交公使，更是较长时间地接触到西方的先进政治与物质文明，全面了解了西方国家政治、经

---

① 参见方豪：《中西交通史》，下册，第709页。
② 宝鋆等编：《筹办夷务始末·同治朝》卷三九，第2页。
③ 斌椿：《乘槎笔记》，钟叔河主编："走向世界"丛书，岳麓书社，1985年，第117页。

济、思想、文化、社会、风俗等社会生活的各个方面。

李圭《环球地球新录》中，1876年5月美国费城万国博览会上的"哥阿力司"大蒸汽机

所有这些，进一步促进了清廷洋务运动的发展，以及后来发展商业、奖励实业等经济体制的改革，从而打破了封建政治制度的坚冰，开始了中国社会政治、经济等各方面的全面改革与转型，为中国社会的进步提供了各种思想的准备和契机。

中国使臣看到的英国伦敦街景

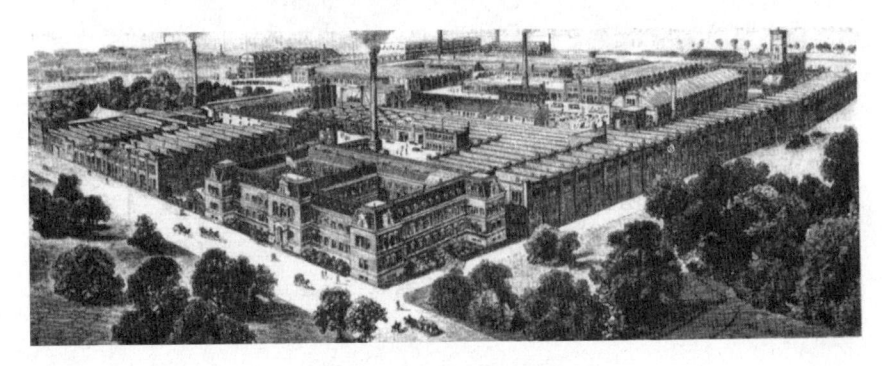

中国使臣看到的德国马德堡铜厂

第四，一个国家或民族不想灭亡，就必须改革开放。

清代，特别是近代以来的中西交通史，从某个方面来看，全面表现出了西方资本主义国家对外侵略掠夺的野蛮与贪婪，展现出血与火的残酷。但另一方面，又向人们展现出西方资本主义国家先进的政治制度与物质文明、先进的科技文明，代表着人类历史的发展方向。更为重要的是，清代，特别是近代以来的中西交通史告诉人们，以往的闭关锁国时代，伴随着社会生产力的发展，已经一去不复返了。此前，在某种特殊的历史条件下，一个国家或民族，或许尚可以闭得住关，也可能关起门来自守，过着与他人不相往来的生活。但是到了近代则不行了，既不可能闭住关门，更不可能自守得住。面对全球一体化的发展趋势，任何一个不想被他人灭亡的国家或民族，必须与时俱进，不断地进行政治、经济、社会等领域全面而深刻的改革，必须融入世界的发展进程之中，才能真正在世界民族的发展道路上占有自己的一席之地。

第六讲：

世界遗产视野中的"一带一路"时空解读

阙维民

"丝绸之路经济带与21世纪海上丝绸之路"（"一带一路"），就其名称而言，缘起于"丝绸之路"。有关"一带一路"（包括"一带一路"+"丝绸之路"）的研究成果，主要发表在2014、2015两年，所涉学科专题以"经济""贸易""金融"为主，而"丝绸之路"的研究成果主要发表在2013年以前，所涉学科专题以"历史""文化""考古"为主（表1）。

表1 "一带一路"与"丝绸之路"期刊文献检索结果

检索词	检索范围	所获文献数	所涉学科专题（文章篇数）前数位
一带一路	期刊、篇名、-2015	2092	经济体制改革(1256)、工业经济(258)、中国政治与国际政治(158)、金融(140)、贸易经济(108)、交通运输经济(98)、宏观经济管理与可持续发展(79)、公路与水路运输(60)、企业经济(56)
一带一路	期刊、关键词、-2015	433	经济体制改革(221)、工业经济(41)、中国政治与国际政治(40)、金融(29)、贸易经济(26)、宏观经济管理与可持续发展(24)、矿业工程(16)、交通运输经济(12)、农业经济(11)

续表

检索词	检索范围	所获文献数	所涉学科专题（文章篇数）前数位
一带一路丝绸之路	期刊、篇名、-2015	17	经济体制改革（9）、企业经济、宗教、贸易经济、新闻与传媒、文化、信息经济与邮政经济、无机化工、海洋学、农业经济
一带一路丝绸之路	期刊、关键词、-2015	12	经济体制改革（9）、中国政治与国际政治（2）、贸易经济、中国文学、企业经济
一带一路丝绸之路	期刊、主题、-2015	1388	经济体制改革（834）、工业经济（121）、交通运输经济（114）、中国政治与国际政治（80）、金融（74）、公路与水路运输（70）、贸易经济（61）、宏观经济管理与可持续发展（46）、文化（28）
丝绸之路	期刊、篇名-2015	4106	经济体制改革（1261）、旅游（338）、考古（278）、贸易经济（247）、文化（237）、工业经济（224）、交通运输经济（205）、宏观经济管理与可持续发展（144）、金融（138）、中国政治与国际政治（129）、中国通史（126）、中国古代史（116）
丝绸之路	期刊、篇名-2012	1644	旅游（212）、考古（211）、经济体制改革（109）、中国通史（103）、工业经济（96）、文化（89）、中国古代史（82）

资料来源：中国知网（http://www.cnki.net/），2015年10月6日检索

在中国提出21世纪"一带一路"愿景不久，国际学术界即有人在回顾"丝绸之路"学术研究的两个高潮（第一个高潮从19世纪末至20世纪30年代，经历了五十多年，主要是一些欧洲人、日本人、美国人在中国今天广域西北地区的学术探险，以及对古代丝绸之路遗存地的发掘与遗存物的掠夺；第二个高潮始于20世纪80年代，其契机是一系列地缘政治、文化与技术的现实，以及作为历史学科范畴和教学领域的新世界史的出现）的基础上认为，"丝绸之路及其因数字化技术而扩展至

全球尺度的研究现状，显然确保我们，在认识丝绸之路方面，正处于一个长足进步的时代"。

2014年，由中国、哈萨克斯坦、吉尔吉斯斯坦三国联合申报的"丝绸之路：长安—天山廊道路网"项目被成功列入联合国教科文组织世界遗产名录。而《推动共建丝绸之路经济带和21世纪海上丝绸之路的愿景与行动》（以下简称《愿景与行动》）指出：丝绸之路是"世界各国共有的历史文化遗产"，丝绸之路沿线国家可"联合申请世界文化遗产，共同开展世界遗产的联合保护工作"，其合作机制可"支持沿线国家地方、民间挖掘'一带一路'历史文化遗产"。可见，除政治、经济、外交、文化等视野外，还可从世界遗产视野探讨"一带一路"，但迄今为止，以此视野的中文文献仅寥寥数篇，似可继续深入，本文即作尝试。

一、"丝绸之路"首次命名的确切出处

"一带一路"前承的古代"丝绸之路"，是"地理大发现"或"大航海时代"之前，人类社会文化经济大交流的国际大通途，具有多重的历史文化价值，体现在宗教、商贸、汉文化、中华民族融合、世界东西方文明交流等多方面。而"一带一路"在"丝绸之路"的历史基础上，通过沿线各国互尊互信、合作共赢、文明互鉴、广泛交流的共同努力，必将成为向未来世界展示21世纪初叶全球东西方经济、文化、政治、科学技术成果的物质载体。

"丝绸之路"最初由德国地理学家李希霍芬（Richthofen, Ferdinand von, 1833—1905）命名，但已有研究成果对其具体出处均语焉不详。

李希霍芬曾于1868年9月至1872年5月入中国，并沿七条路线进行了自然与人文地理考察，在考察的基础上，撰写了学术著作《中国——

亲身旅行及其研究成果》（简称《中国旅行报告书》）五卷及图册，于1877—1912年间出版，并另将考察日记整理成《中国日记》，于1907年出版。在《中国旅行报告书》第一卷中，李希霍芬分别述及了"丝绸"（Seide，第443、474、476页）、"丝绸文化"（Seidencultur，第356、443、529、550页）、"丝绸贸易"（Seidenhandel，第114、442—444、471、475、528、556页），并在第506页第一次命名使用了"丝绸之路"（Seidenstrassen）之名："……上述穿越巴克特里亚（译注：古大夏国）的丝绸之路，是途经西藏、路通海洋、可抵（印度）阿萨姆与中国西南部的贸易商路。《航海指南》（Periplus）明确指出，此商路在张骞时代即已存在。"其所述"丝绸之路"包括今天的新疆丝路与南方丝路，虽未命名"海上丝绸之路"，但已确指"丝绸之路""路通海洋"。

"丝绸之路"，在不同国度、不同时代、不同学科的学者使用过程中，衍生出多种名称，主要有以下几类命名方式：

（1）以地理地貌命名，如：草原森林之路、沙漠绿洲之路、海洋岛礁之路等；

（2）以地名方位命名，如：北方丝绸之路、南方丝绸之路、天山北路、天山南路等；

（3）以交通工具命名，如：汗马之路、骆驼之路、茶马古道、航海之路、钢铁之路等；

（4）以贸易货物命名，如：丝绸之路、茶叶之路、陶瓷之路、玉石之路、石油之路等；

（5）以文化概念命名，如：宗教之路、和平之路、光明之路、东西方文明联系纽带等。

二、"一带一路"是不断完善的愿景与行动

"一带一路"愿景与行动自 2013 年 9 月 7 日首次倡议到 2015 年 3 月 28 日正式推出的历程，历经两年半时间，也有一个认识与规划的完善过程。

2013 年 9 月 3 日至 13 日，中国国家主席习近平首次出访中亚四国（土库曼斯坦、哈萨克斯坦、乌兹别克斯坦与吉尔吉斯斯坦）、首次亮相 G20 峰会、首次出席上合组织峰会。并于 2013 年 9 月 7 日在哈萨克斯坦纳扎尔巴耶夫大学发表的《弘扬人民友谊 共创美好未来》重要演讲中首次提出了"丝绸之路经济带"一词。当时仅着眼于中国与中亚地区的陆上丝路。

2013 年 10 月 3 日，中国国家主席习近平在印度尼西亚国会发表的《携手建设中国—东盟命运共同体》演讲中，首次提出了"21 世纪'海上丝绸之路'"一词。当时仅着眼于中国与东盟的海上丝路，且"21 世纪"与"海上丝绸之路"并非一词，而是相连的两词。

2013 年 11 月 12 日，《中共中央关于全面深化改革若干重大问题的决定》之第 26 条决定指出："推进丝绸之路经济带、海上丝绸之路建设，形成全方位开放新格局。"这是第一次并称"丝绸之路经济带"与"海上丝绸之路"，但没有"21 世纪"的定语词。

2013 年 12 月 10—13 日，中央经济工作会议上提出的 2014 年经济工作主要工作之六"不断提高对外开放水平"中指出："推进丝绸之路经济带建设，抓紧制定战略规划，加强基础设施互联互通建设。建设 21 世纪海上丝绸之路，加强海上通道互联互通建设，拉紧相互利益纽带。"这是第一次将"21 世纪"与"海上丝绸之路"合并为一词。

2014 年 2 月 6 日，中国国家主席习近平应邀专程赴俄罗斯出席索契冬奥会开幕式及相关活动时会见俄罗斯总统普京。习近平表示："中方

欢迎俄方参与丝绸之路经济带和海上丝绸之路建设，使之成为两国全面战略协作伙伴关系发展的新平台。"普京表示："俄方积极响应中方建设丝绸之路经济带和海上丝绸之路的倡议，愿将俄方跨欧亚铁路与'一带一路'对接，创造出更大效益。"这是官方媒体第一次简称"一带一路"，着眼点是中俄外交关系。

2014年3月5日，国务院总理李克强所作的《政府工作报告》，在回顾2013年的工作中，包括了"提出建设丝绸之路经济带、21世纪海上丝绸之路的构想"。在部署2014年重点工作之"（二）开创高水平对外开放新局面"中指出："抓紧规划建设丝绸之路经济带、21世纪海上丝绸之路，推进孟中印缅、中巴经济走廊建设，推出一批重大支撑项目，加快基础设施互联互通，拓展国际经济技术合作新空间。"这是官方文件首次全称"丝绸之路经济带、21世纪海上丝绸之路"，但着眼点在亚洲："推进孟中印缅、中巴经济走廊建设。"

2014年5月19日，国家主席习近平和哈萨克斯坦总统纳扎尔巴耶夫在上海通过视频连线并在上海共同启动了中哈（连云港）物流合作基地项目一期启用装置。这是"丝绸之路经济带"建设的首个实体平台。此举有利于发挥新欧亚大陆桥的综合运输优势，打造面向内陆地区的国际要素流动渠道和开放平台，促进我国东中西部联动发展，推动新丝绸之路经济带"以点带面，从线到片"的全面发展。这是官方媒体首次提出"新丝绸之路经济带"。

2014年11月4日，中共中央总书记、国家主席、中央军委主席、中央财经领导小组组长习近平主持召开中央财经领导小组第八次会议，研究丝绸之路经济带和21世纪海上丝绸之路规划、发起建立亚洲基础设施投资银行和设立丝路基金。这是中国最高层就"一带一路"规划而召开的首次专题会议。

2014年11月8日，中国国家主席习近平在"加强互联互通伙伴关系"

东道主伙伴对话会以"联通引领发展,伙伴聚焦合作"为题的讲话中指出,"自古以来,互联互通就是人类社会的追求"。"丝绸之路就是一个典范,亚洲各国人民堪称互联互通的开拓者。""如果将'一带一路'比喻为亚洲腾飞的两只翅膀,那么互联互通就是两只翅膀的血脉经络。"并提出了就"一带一路"深化合作的五点建议:第一,以亚洲国家为重点方向,率先实现亚洲互联互通。第二,以经济走廊为依托,建立亚洲互联互通的基本框架。第三,以交通基础设施为突破,实现亚洲互联互通的早期收获。第四,以建设融资平台为抓手,打破亚洲互联互通的瓶颈。第五,以人文交流为纽带,夯实亚洲互联互通的社会根基。这标志着"一带一路"规划的务实合作正式开端,但着眼点仍然在亚洲。

2014年12月9—11日,中央经济工作会议在京召开,在部署2015年的重点工作中,明确提出了:"要重点实施'一带一路'、京津冀协同发展、长江经济带三大战略,争取明年有个良好开局。"这是中国高层首次从国家优化经济发展空间格局的视野来规划"一带一路"。

2015年3月28日上午,中国国家主席习近平在博鳌论坛发表主旨演讲时宣布:"一带一路"建设的愿景与行动文件已经制定。当日下午,中国政府即发布《推动共建丝绸之路经济带和21世纪海上丝绸之路的愿景与行动》(即《愿景与行动》),从八个方面详细阐述了中国政府对"一带一路"的规划愿景。

至此,"一带一路"规划基本定格,其内涵实质,从最初设计的开创周边战略新局面,与东盟、中亚、俄罗斯的合作,到亚洲的互联互通,再到亚欧非几大文明的贸易和人文交流;从最初贸易交流,到基础设施投资银行与丝路基金的设立,以及文化交流。规划范围逐渐扩大,规划内容逐渐充实,但仍然处于完善之中。

三、"一带一路"是约定俗成的命名

"一带一路"是"丝绸之路经济带和21世纪海上丝绸之路"的简称，是中国政府在国际交流中由中国国家主席习近平代表中国政府向世界推出的和平倡议之命名。其英文全称的官方译名为 the Silk Road Economic Belt and the 21st-Century Maritime Silk Road，简称为 the Belt and Road，缩写为 B&R。

"一带一路"名称自提出至今已近三年，但其名称的准确性，在纯学术领域仍可商榷：（1）"一带"，为何不是"21世纪丝绸之路经济带"或"21世纪丝绸之路"？（2）"一路"，为何不是"21世纪海上丝绸之路经济带"或"海上丝绸之路经济带"？（3）"经济带"，为何不是"经济网""经济网带"或"经济带网"？

但在纯学术商榷的同时，也得尊重"一带一路"名称在国内外已被约定俗成地广泛使用的现实。

四、"一带一路"的空间范围必将不断拓展

借鉴联合国教科文组织世界遗产项目保护规划设立核心区与缓冲区的操作规范，"一带一路"的空间范围，可分别设定为核心范围、实质范围、缓冲范围与虚拟范围。

"一带一路"的核心范围，由新丝路沿线的重要节点、新丝路的主要地带以及由新丝路各路线钩织的主要网面所构成。重要节点，包括"一带一路"沿线各国各地区的经济重镇、海港重镇、海关重镇与重要岛礁等；主要地带，包括"一带一路"的各条主线，或串连与涵盖重要节点的各条地带；主要网面，包括"一带一路"各条主线所交织的重要网带，以及新丝路沿线的重要地域。

"一带一路"的实质范围，是新丝路沿线各重要节点、主要地带与主要网面所能触及的各国经济腹地之总和。

"一带一路"的缓冲范围，即新丝路沿线各国的领土、领海、领空疆域范围。

"一带一路"的虚拟范围，即现代通信网络所覆盖、辐射之地域。

古代丝绸之路的空间范围，仅限于亚非欧三洲。随着科技通信技术的进步、人类视野的扩大、交通工具的更新，今天"一带一路"的空间范围，事实上已不限于亚非欧三洲，《愿景与行动》通篇充满了世界与全球的意识，并明确指出："'一带一路'相关的国家基于但不限于古代丝绸之路的范围，各国和国际、地区组织均可参与。"随着"一带一路"建设的不断实施，其空间范围必将不断拓展。

五、"一带一路"基础设施建设的关键地点是交通中转地与集散地

"一带一路"的愿景与行动，需要通过交通通途与交通端点的交通基础设施来实现。

"一带一路"的交通通途，包括陆域通途（陆路、陆地水路）、海域通途（海洋、岛、礁）、航空通途与网络通途。

"一带一路"的交通端点，包括交通的起点（始发地）、终点（终达地）、中转点（丝路网带中转地）与集散点（陆、海、空汇聚地）。从理论上讲，《愿景与行动》中"中国各地方开放态势"一节述及的我国"西北、东北地区""西南地区""沿海和港澳台地区"与"内陆地区"及其省份与城市，均是"一带一路"的起点或始发地，甚至未述及的地区与乡镇，即"一带一路"空间范围内的任何一地，只要实际存在着对外经济贸易，均可成为"一带一路"的起点或终点。但中转点与集

散点须具备相应条件。

比如中国浙江省义乌市，不是大城市，不是海港城市，也不位于古代丝绸之路沿线，但其拥有的小商品市场，几乎每天都向世界各国（包括"一带一路"沿线各国）发送大量的商品，谁也不能否认，义乌就是今天"一带一路"的一个起点（始发）城市，但它不是"一带一路"的中转城市与集散城市，因为从义乌发出的大宗出口商品，主要汇聚至宁波舟山港再集装外运。较之于义乌，宁波不仅具有义乌的起点城市性质，而且更具有义乌所没有的交通中转城市与交通集散城市的性质。

因此，中国国内"一带一路"基础设施建设的关键地点，是交通中转地与交通集散地。

六、"一带一路"的交通类型复杂多样

"一带一路"愿景的实现，除了交通通途与交通端点的交通基础设施外，还需要选择交通工具、交通线路与交通类型。

"一带一路"的交通工具，包括陆路交通工具（汽车、火车、牲畜、人力等）、水路交通工具（轮船、汽艇、帆船、竹筏等）、空路交通工具（飞机、飞艇等）、网路传输工具（有线、无线）、管线运输工具（石油管线、天然气管线、电力高压线等）。

"一带一路"的交通线路（基于单独的陆、海、空交通），包括一站式（始点—终点）、多站式（始点—中转点—终点）、间断式（现于陆、海、空综合交通）和散发式（现于中转地或集散地）。

"一带一路"的交通类型，包括常规交通（公路、铁路、河路、海路、空路）、特殊交通（地下管线、通信网络）以及常规交通与特殊交通的各自或交互综合类型。

"一带一路"沿线各国各地区的情况千差万别，沿线任意两点之间

的综合交通类型，仅就常规交通（公路、铁路、河路、海路、空路）的五种交通方式而言，就多达数十种甚至上百种。

（1）交通组合类型：

运算公式：$C_n^m = \dfrac{A_n^m}{m!} = \dfrac{n!}{m!(n-m)!} = C_n^{n-m}$

C—Combination 组合数

N—元素的总个数 = 5（公路、铁路、河路、海路、空路）

M—参与选择的元素个数

！—阶乘

C =5!/1! (5−1)! + 5!/2!(5−2)! + 5!/3!(5−3)! + 5!/4!(5−4)! +5!/5!(5−5)!

　=120/1(24) + 120/2(6) + 120/6(2) + 120/24(1) + 120/120(1)

　=120/24 + 120/12 + 120/12 + 120/24 + 120/120

　= 5 + 10 + 10 + 5 + 1

　= 31

运算结果："一带一路"沿线任意两点间的常规交通组合类型有31种。

（2）交通排列类型：

运算公式：$A_n^m = n(n-1)\cdots(n-m-1) = \dfrac{n!}{(n-m)!}$

A—Arrangement 排列数

N—元素的总个数 = 5（公路、铁路、河路、海路、空路）

M—参与选择的元素个数

！—阶乘

A = 5!/(5−1)! + 5!/(5−2)! + 5!/(5−3)! + 5!/(5−4)! + 5!/(5−5)!

　= 5!/4! + 5!/3! + 5!/2! + 5!/1! + 5!/0!

　= 120/24 + 120/6 + 120/2 + 120/1 + 120/1

　= 5 + 20 + 60 + 120 + 120

　= 325

运算结果："一带一路"沿线任意两点间的常规交通排列类型有325种。

在正常情况下，"一带一路"沿线任意两点间的常规交通类型，不会出现上述理论计算的类型数量。但在特殊地域、特殊时期（如发生战争、动乱、自然灾害期间），交通状况将会千变万化，因此，"一带一路"愿景的实施，需要未雨绸缪，提前预备各种交通类型方案，以防万一。

七、"一带一路"的建设与维护需要军事保障

关于"一带一路"的建设与维护，《愿景与行动》已经述及了共建原则、合作机制与维护机制，却未述及军事保障，可能出于多方面的考虑。但未述及，不等于未考虑。

事实上，中国军队参与联合国在世界多国（包括"一带一路"沿线国家）的维和行动，以及中国军舰对中国远洋商船的保驾护航，都是实施"一带一路"军事保障的具体措施与行动。

中国南海是海上丝绸之路的必经之域，因此，中国南海岛礁的建设与守护，也是21世纪海上丝绸之路维护监管的重要任务，仍然离不开军事保障。

八、"一带一路"必将代表21世纪初叶世界文明的主流

在"一带一路"的建设规划方面，中国政府已经积极付诸实施，尤其体现在对"一带一路"沿线一些国家基础设施（诸如港口、公路、高铁、机场与管线等）的科技支持、资金捐助与工程援建，包括亚投行的筹备与成立，以及中国南海岛礁灯塔建设等，为"一带一路"的畅通做出了实实在在的努力。如果五十年或一百年后的世界从联合国教科文组

织世界遗产项目的评价标准（"具有反映现存或已消失的文化传统或文明的一项独有或至少特别的证据"）来评价今天的"一带一路"，似可鉴定如下：

> 在21世纪初叶世界局势动荡不定（中东战乱、各国恐怖活动频繁发生、欧盟与俄罗斯军事对立、美国重返亚太、中国南海岛礁纷争不断等）的背景下，中国政府倡议的"一带一路"愿景与行动，代表了21世纪初叶世界科学技术水平与文明发展主流。"一带一路"沿线各国由中国政府科技支持、资金捐助与工程援建的港口、公路、高铁、机场、管线等基础设施，是"一带一路"遗产项目的丰富物质载体，见证了21世纪初叶的世界科技、和平与文明。

结论

"丝绸之路"是世界东西方经济与文化交流的人类文明遗产，沟通了沿线亚欧各国各地区的宗教文化与经济贸易，见证了世界地理大发现或大航海时代之前的人类社会文明进程。

"一带一路"是继承与发扬"丝绸之路"历史作用、实现中国梦的大国举措，虽然其命名的准确性有待完善，但其所赋予的未来历史使命之帆已经扬起。

"一带一路"是联系亚欧非大陆进而延展到全球各地区各国的经济贸易文化交流网络，全球任何一地（城市、地区）都可以成为"一带一路"的起点与终点，交织交会于不同地区的中转地与集散地。因此，首先需要寻找、建设和完善中转地与集散地的（海陆空）交通基础设施。

"一带一路"的经济文化命脉，将主要以公路运输车、高铁动车、远洋船舶与超音空客为代表的现代交通工具，和以互联网大数据为代表的现代通信技术来支撑运行。因此，相应的应用科学技术与制造工业，是保障"一带一路"命脉的物质基础。

"一带一路"沿线各国间的政治、经济、文化、军事交流，同时存在着无限机遇与繁复问题，需要专业人才去探索与解决。因此，各类专业后续人才的培养与锻炼，时刻不能松懈。

"一带一路"肌体的健康安全，除了世界各国的对话机制与经济机制外，还需加强军事机制，就目前国际形势而言，没有军事保障，"一带一路"愿景将难以实现。

"一带一路"的双翼齐飞之日，即中华民族伟大复兴的"中国梦"实现之时。

第七讲：

凿空之前：早期东西交互与丝绸之路的形成

李水城

> 罗马城不是一天建起来的！
>
> ——西谚

一、相关背景

1. "丝绸之路"一说的由来

据司马迁《史记》载，汉武帝为打击匈奴，派遣张骞出使西域，希望与被匈奴赶到西域的月氏人联系，希望能从东西两个方向合击匈奴，以绝后患。这是个真实的历史故事，至今在敦煌还保留有形象的壁画记录。张骞对于凿空西域确实做出了很大的贡献，但"丝绸之路"这个说法在中国的史书中却并无任何记载。

到了19世纪，德国一位名叫李希霍芬（Fedinand Freiherr von Richthofen）的著名地理学家来到中国，在各地进行地理和矿藏的科学考察，后来他写了一本名叫《中国》（*Tagebücher Aus China*）的书，首次提出了"丝绸之路"的概念，以此代表古代中国西部通往西亚和欧洲的一条经贸文化大通道。此概念一经提出，便在历史学界和地理学界产生了很大反响，很快被各国学者所接受。这便是"丝绸之路"一说的由来。

2. 中国西北的早期考古工作

中国的大西北是华夏文明的次生区。其地理范围大致以东经106度为界，行政区划包括今天的陕西西部、宁夏、甘肃、青海、四川西北部和新疆等省区。中国西北地域广阔，面积几乎占到中国版图的1/3。此区域地理构造多样，环境复杂，气候干旱，植被稀疏，景观多样，有绿洲、河谷、草原、沙漠、戈壁、高原、雪山、冰川……与中原内地的自然环境差异很大。在物质文化方面，这一区域拥有丰富的文化遗产和不同时期的历史文物。

早在19世纪，中国的大西北就成了探险家的乐园。西方的商人、传教士、使节、旅行家、学者、士兵纷纷前往中国西北（特别是新疆）探险、考察，有一些重要的考古发现。但其中也不乏卑劣的欺骗、偷盗和劫掠活动。

1895年、1900—1901年，瑞典人斯文·赫定（Sven Hedin）数次前往新疆塔克拉玛干、塔里木河流域、罗布泊等地考察，并在1900年发现了楼兰古城，搜集到大量古物。

19世纪末20世纪初，瑞典探险家斯文·赫定及印度随从在新疆考察

1900—1914年，英国人斯坦因（Aurel Stein）在新疆尼雅、楼兰、敦煌等地考察，在敦煌骗走了大量的手稿、经卷。他在罗布泊的LE城东北4公里处发掘了8座古墓，这批出土文物及葬俗与后来发掘的小河文化相同。

1902—1914年，德国人范莱考克等在新疆高昌、克孜尔等地调查，并在柏孜克里克石窟割走了28幅精美的壁画。这批珍贵的文物在第二次世界大战结束之前的柏林大轰炸中全部被毁。

1902—1911年，日本人大谷光瑞、桔瑞超等先后三次前往新疆塔克拉玛干、楼兰、甘肃敦煌等地，并掠走大批文物。

1906—1908年，法国人伯希和（Paul Pelliot）在甘肃敦煌王道士处窃走石窟藏经洞内发现的大批珍贵文物。

1905—1915年，俄国人普利索赫斯基、科兹洛夫、鄂登堡（S.F. Oldenburg）等先后在新疆和甘肃敦煌等地活动，掠走大批文物。

1906年，美国人亨廷顿（Ellsworth Huntington）和巴雷特（Robert Le Moyne Barrett）在新疆罗布泊等地考察发掘。1923年，华尔纳（Langdon Warner）等人在敦煌石窟卑鄙地盗剥一批精美的壁画和雕塑[1]。

进入20世纪20—30年代后，才开始有中国学者参与中国西北地区的考古调查发掘。1927—1933年，中（国）瑞（典）两国合组"西北科学考察团"，成员包括：徐旭生（中方队长）、斯文·赫定（外方队长）、陈宗器、黄文弼、贝格曼（F. Bergman）等。考察团从北京出发，经河北、内蒙古、甘肃、宁夏、青海、新疆等省区，沿途进行了多学科的考察，并在内蒙古西部和新疆东部采集大批石器和文化遗物。1934年发现小河

---

[1] 以上外国人在新疆的活动参阅：中国新疆维吾尔自治区档案馆、日本佛教大学尼雅遗址学术研究机构：《近代外国探险家新疆考古档案史料》，新疆美术摄影出版社，2001年；[英]彼得·霍普科克：《丝绸之路上的外国魔鬼》，杨汉章译、宋子明校，甘肃人民出版社，1982年。

1927—1933年，中瑞西北科学考察团中方队长徐旭生（左）、外方队长斯文·赫定（右）在考察途中

5号墓地，由贝格曼和陈宗器首次进行了考古发掘[1]。

1933年，杨钟健博士随中(国)法(国)科学考察团前往哈密、吐鲁番、阿克苏等地调查，沿途发现了哈密三道岭子、七角井子等遗址[2]。

抗战后期，考古工作转向相对平静的中国西北地区。1942年，中央研究院单位合组"西北科学考察团"赴甘肃、宁夏开展工作[3]。1944年，上述机构联合北京大学再组"西北科学考察团"，夏鼐等前往兰州、

---

[1] Bergman, Folke (1939), *Archaeological Researches in Sinkiang Especially the Lop Nor Region, Reports from the Scientific Expedition to the North Western Province of China under the Leadership of Dr. Sven Hedin* (The Sino-Swedish Expedition), Publication 7, Stockholm.
[2] Teilhad de Chardin, P. (1940), *On the Preduhable Exisistance World-Wide sub-Arctic Sheet of Human Culture at the Dawn of the Neolithic*. Bull. Geol-Soceity China, Vol. XIX, pp.333—339.
[3] 中央研究院历史语言研究所考古年表（杨梅：《中央研究院历史语言研究所专刊35》，1952年）；石璋如：《关中考古调查报告》，《历史语言研究所集刊》第27本第205—323页，1956年。

洮河流域考察发掘，有重要发现①。1947年，中央地质调查所委派裴文中赴西北进行考古、地质学调查，并对一些史前遗址进行了试掘②。翌年，他与贾兰坡、刘东生等继续在河西走廊、湟水及青海湖沿岸进行了调查③。

3. 仰韶村的发掘与"中国文化西来说"

1921年，经中国政府批准，瑞典学者安特生（Andersson, J.G.）与中国地质学家袁复礼等发掘了河南渑池仰韶村遗址，出土丰富的史前遗迹和遗物，这一事件被看作是中国现代田野考古学诞生的标志。最初，安特生将仰韶文化视为中华文明的始祖，并将在中国出版的第一部专著命名为《中华远古之文化》④。

瑞典地质学家安特生（Andersson, J.G.）

"在仰韶村遗址发掘之前，有些外国学者或传教士一直宣扬所谓中国文化西来说，认为中国没有自己的史前文化，没有自己的石器时代，后来的中国文化乃至人种都是从西方传播过来的。由于有仰韶村遗址的发掘，

---

① 夏鼐：《齐家期墓葬的发现及其年代之改定》，《中国考古学报》第三册第101—117页，1948年；夏鼐：《临洮寺洼山发掘记》，《中国考古学报》第四册第71—137页，1949年。
② 裴文中：《甘肃史前考古报告》，《裴文中史前考古学论文集》第208—255页，文物出版社，1987年。
③ 裴文中：《中国西北甘肃走廊和青海地区的考古调查》，《裴文中史前考古学论文集》第256—273页，文物出版社，1987年。
④ 参安特生著，袁复礼译：《中华远古之文化》，《地质汇报》第五号第1册，北京京华印书局承印，1923年。

无可辩驳地证明了中国不但有石器时代的遗存，而且还是相当发达的"[1]。

仰韶文化的发现使中国没有石器时代的谬说不攻自破，也引发了国际学术界对中国史前文化来源的关注[2]。为了寻找中华文明的源头，1923—1924年，安特生转赴中国西北的甘肃和青海进行考古考察，发现并发掘了一批重要的古遗址[3]。他参照瑞典考古学家蒙特留斯（Montelius, G. O. A.）对斯堪的那维亚新石器时代的分期及英国考古学家伊文斯爵士（Evans, Sir Arthur）对克里特岛石器时代至铜器时代的分期，将在中国发现的史前文化分为六期，每期估计300年。这些古文化的发展顺序为：齐家期（前3500—前3200）、仰韶期（含马家窑、半山，前3200—前2900）、马厂期（前2900—前2600）、辛店期（前2600—前2300）、寺洼期（前2300—前2000）、沙井期（前2000—前1700）。安特生将前三期定在新石器至石铜器过渡阶段，后三期为早期青铜时代。在一些西方学者的影响下，安特生最终接受了"中国文化西来"的说法[4]。

"中国文化西来说"可以说是"欧洲中心论"衍生的副产品。最初，这一理论曾得到很多外国学者甚至中国学者的认同，但多数中国学者对它还是持怀疑态度的。但是，面对极其有限的考古资料，尚无人能讲清楚中国文明的来龙去脉。为此，寻找华夏文明的来源遂成为中国考古学家面临的一个首要任务。20世纪50年代以来，随着新的考古资料的不断累积，在不断地否定"仰韶文化西来说"理论的同时，也为"中国文明本土说"的建立奠定了基础。

---

[1] 严文明：《纪念仰韶村遗址发现六十五周年》，《仰韶文化研究》第330页，文物出版社，1989年。
[2] 参安特生著，袁复礼译：《中华远古之文化》。
[3] Andersson, J.G. (1943), *Researches into the Prehistory of the Chinese*, BMFEA. No.15, Stockholm.
[4] 参安特生著，乐森珣译：《甘肃考古记》，《地质专报》甲种第五号，1925年。

二、中国的地理构造及其对文化发展的影响

中国地处亚欧大陆的东方，地域辽阔，南北、东西的自然环境差异甚大。整体看，中国的地形呈西北高耸、东南低平的走势，自西而东形成三个落差很大的"台阶"。第一阶包括喜马拉雅山脉、青藏高原、帕米尔高原、阿尔泰山等，平均海拔3000—4000米；第二阶自东北至西南依次为大兴安岭、蒙古高原、黄土高原和云贵高原，平均海拔降至1000—2000米左右；第三阶包括东北平原、华北平原、长江中下游平原和珠江三角洲，平均海拔降到200—500米以下；第三阶之东、南，即为浩渺的太平洋[1]。著名考古学家严文明曾就此指出，"中国这个巨大的地理单元同外部世界始终处于一种相对隔离或半隔离的状态。这就决定了中国史前文化起源的土著性，决定了它在很长时期都基本上走着独立发展的道路。而同邻近地区的史前文化的联系只能保持在较低的水平上"[2]。从文化地理学的角度审视，这一地理构造对中国古代文明的产生、形成和发展有深远的影响，它使得中国古代文化面向海洋的一侧相对开放，背对海洋的一侧相对封闭，土著色彩突出，并长期恪守独立的发展道路。

如果换个视角，也可将中国内陆以长城为界划为两大块，一块面向海洋，另一块面向亚欧草原。前者包括了黄河、长江流域的大部分地区，也是华夏文明主题的原生地与核心区。从史前开始，这一区域就形成了较为独特的文化发展体系。在核心区内，可细分为六个小区：即中原文化区、黄河下游文化区、长江中游文化区、长江下游文化区、黄河上游

---

[1] Winker M.G., & Pao K.W.(1993), *The late-Quaternary vegetation and climate in China*. In: Wright H.E., Winker M.G., Kutzbach J.E., III Webb T, Ruddiman W.d., Street-Perott F.A., & Bartlein P.J. (Eds), *Global Climates Since the Last Glacial Maximum*. Minneapolis: University of Minnesota Press, pp.221—261.
[2] 严文明：《中国史前文化的统一性与多样性》，《文物》1987年第3期。

文化区和北方燕辽文化区。此区域内，存在广泛的文化互动。但与外部世界相比则显得较为封闭。后者是指长城沿线以北及以西的广大地区，那里的地理构造、环境、气候和生态与前者有很大不同，但在文化上又与前者保持着强烈的依附心理和千丝万缕的联系，可谓华夏文明的次生区。这个广阔区域恰好处在黄河文明与中亚文明之间，它在延续和输送华夏文明的同时也不可避免地受到西方文明的某些影响，并将这一影响输送到中原内地，与东西两个方面的关系始终保持开放的心态并表现出较强的文化兼容性。

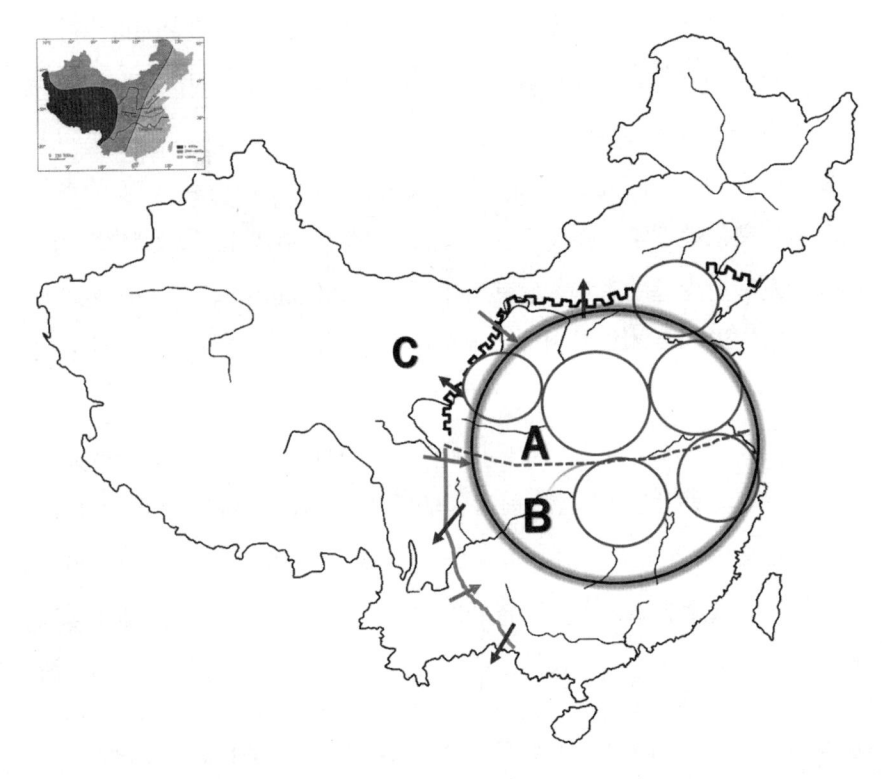

中国的地理构造、地形、环境与史前文化之相互关系

人类为了适应复杂的环境，从很早就创造出不同的文化。中国的大西北恰好处在华夏文明与中亚文明的中间，很快便成为不同文化间相互接触、渗透的敏感地带，因此也是考古学家探索东西文化交流的关键地区。

三、中原系统史前农耕文化的西渐

距今一万年前后，地球进入全新世，史前文化也从旧石器时代进入新石器时代。人类开始定居，并逐渐掌握了农业和家畜饲养。距今8000年前后，在中原腹地的黄河中游地区出现了磁山—裴李岗文化、老官台文化。这一时期，尽管人口密度还较低，但已形成了具有共同信仰的初级农耕社会。

距今7000年以降，分布在黄河中游的史前文化发展到仰韶文化阶段。该文化前后延续了2000余年，其影响力遍及黄河流域、大江南北。在中原大地的广阔平原、河谷出现大批有着一定层级属性的农耕村落，人们广泛种植粟、黍类旱地作物，豢养猪、狗，制作细腻的红色陶器，流行彩陶装饰。距今6000—5500年，地处陇山东部的仰韶文化有部分族群开始向西北迁徙，很快便跨越洮河、大夏河，进入青海东部的黄河谷地及湟水沿岸[1]。也有一部分沿洮河上溯，南下进入四川西北部的岷江流域[2]。

距今5000年前，迁入陇山以西的仰韶文化演变为区域色彩浓郁的马家窑文化。该文化广泛分布在洮河流域及河湟地区，最远向西已深入

---

[1] 青海省文物考古研究所：《青海化隆、循化两县考古调查简报》，《考古》1991年4期，第313—331页；青海省文物考古队：《青海民和阳洼坡遗址试掘简报》，《考古》1984年1期，第15—20页。
[2] 成都市文物考古研究所等：《四川茂县营盘山遗址试掘报告》，《成都考古发现（2000）》第1—77页，科学出版社，2002年。

到河西走廊西部[①]和黄河上游的青海共和盆地。为了适应西北地区特殊的环境和气候，马家窑文化在保持旱作农耕文化的同时，也在逐步调整经济形态，适度增加畜养和狩猎的比重。这个时期最为重大的进步是已初步掌握了金属冶炼技术。在甘肃东乡林家马家窑文化遗址出土了一柄马家窑文化的青铜刀及部分的炼渣，这也是中国境内目前所知最早的青铜合金制品[②]。

继马家窑文化之后，距今 4000 年左右，分布在河西走廊的马厂文化进一步向西进入新疆哈密地区，其文化面貌也开始出现一些新的元素，如用土坯构筑的墓穴，流行侧身屈肢葬等。马厂文化的冶铜业有进一步的发展。有迹象表明，这个时期在河西走廊西部的张掖一带已形成了一个早期冶铜业的中心，并在东西交互的历史进程中扮演了重要角色[③]。

距今三千纪后半叶，分布在陕西关中的客省庄文化有部分族群开始了新一轮的西迁，并在西进的过程中逐渐演变为齐家文化。该文化在全面占据了洮河流域、河湟地区以后，继续向西扩展，并将马厂文化挤压到更加偏远的河西走廊。在这个大背景下，公元前两千纪初，分布在走廊西部的马厂文化演变为四坝文化。后者的分布范围广阔，西至新疆哈密，北达内蒙古西北的额济纳旗。

从齐家文化开始，中国西北地区的史前文化进入早期青铜时代。齐家文化与四坝文化恰好地处中原内地与中亚文明之间的关键部位，这条重要的地理通衢的掌控对这两种文化的发展有重要意义，也因此成就了它们在早期东西文化交流中扮演重要的中介角色。

---

① 甘肃省文物考古研究所、北京大学考古文博学院：《河西走廊史前考古调查报告》，文物出版社，2011 年。
② 甘肃省文物工作队等：《甘肃东乡林家遗址发掘报告》，《考古学集刊（4）》第 111—161 页，中国社会科学出版社，1984 年。
③ 李水城：《"过渡类型"遗存与西城驿文化》，《早期丝绸之路暨早期秦文化国际学术研讨会论文集》，甘肃省文物考古研究所等编，文物出版社，2014 年，第 9—21 页。

新疆位居中国之极西。早在20世纪上半叶,那里就发现有彩陶。安特生曾言:"此种文化(仰韶文化)确实之发源地,非于新疆详加研究,不能判定。"可见,解决中国彩陶之来源,新疆是为关键。20世纪40年代,著名考古学家裴文中先生曾指出:"1)新疆之彩陶文化,当为中原彩陶文化之西支,由中原而流传至于西陲。2)彩陶文化同时发现于天山南北,似由哈密而分南北二支,故其传布之途径,按地理而论,似由甘肃而来,至哈密后,为天山所阻,而分向南北①。"总之,新疆东部含彩陶因素的遗存与甘青地区的史前—青铜时代的文化关系非常密切。

20世纪80年代末,在新疆哈密发现了天山北路墓地②。大量的出土实物表明,新疆的彩陶文化确实源于甘肃河西走廊。通过对披露的有限材料分析,该墓地所出陶器分为三组不同的因素:第一组属于马厂文化晚期(西城驿文化),年代也最早,距今4000年前后;第二组属于四坝文化,年代晚于马厂文化;第三组为以往不见的新内涵,以造型独特的双贯耳陶罐为代表,器表绘黑彩几何折线纹和水波纹,年代应该不超出第一、二两组的范围。有趣的是,此类造型的陶罐与小河墓地所出草编小篓十分相似,而后者的编织纹样又与分布在俄罗斯西伯利亚东南部的安德罗诺沃(Anderonovo)文化的陶器花纹接近,暗示三者之间可能存在着某种联系③。

目前,在新疆中部发现最早的史前文化为小河文化。该文化包括在罗布泊附近发现的古墓沟墓地和小河墓地,其文化面貌非常独特,包括奇特的埋葬习俗和宗教信仰,随葬品大量使用木器、草编器、皮革、毛

---

① 裴文中:《新疆之史前考古》,《中央亚细亚》(创刊号),1942年,第34—39页。
② 常喜恩:《哈密市雅满苏矿、林场办事处古代墓地》,《中国考古学年鉴(1989)》,文物出版社,1990年,第274—275页;哈密文物志编纂组:《哈密文物志》,新疆人民出版社,1993年。
③ 李水城:《天山北路墓地一期遗存分析》,《俞伟超先生纪念文集》,文物出版社,2009年,第193—202页。

毡织物和少量小件铜器、金器等，不见陶器。再就是大量随葬牛头、羊角，还发现有小麦、大麦、粟、黍等粮食作物，显示出畜牧业与狩猎结合的混合元素[①]。

小河墓地景观环境

体质人类学和基因研究表明，小河文化的居民主要来自俄罗斯的南西伯利亚地区。小河文化的早期居民为东西方混合形态，东部欧亚谱系占主导，二者接触的地区很可能就在南西伯利亚，这群人在迁入塔里木盆地之前已存在基因混杂现象。小河文化的晚期居民除了保留西部欧亚的成分外，南亚和东亚成分增多，原有的欧亚东部谱系（C4）频率下降。显示出由于群体迁移频繁，不断有外来人群融入其内，并改变了原有群体的遗传结构。可见，小河文化的居民自迁入塔里木盆地以后，就不断以通婚的形式与周边群体产生基因交流。

新疆北部的考古发现也对上述结论给予支持。距今4000年前后，有部分来自西伯利亚和阿尔泰的族群沿额尔齐斯河谷和阿尔泰山间的通道进入新疆北部的阿勒泰地区，并逐渐南下进入新疆的中西部地区，小河文化就是在这一背景下在塔里木河流域发展起来的。

[①] 王炳华：《孔雀河古墓沟发掘及其初步研究》，《新疆社会科学》1983年第1期，第117—128、130页；新疆文物考古研究所：《2002年小河墓地考古调查与发掘报告》，《新疆文物》2003年第2期，第8—64页。

四、结论

距今 6000—5500 年间，随着全新世大暖期的到来，分布在陇山东部的仰韶中晚期文化的部分族群开始向西部迁徙扩张，并在西迁的进程中演化出了马家窑文化、半山—马厂文化和四坝文化。随着年代的推移，上述文化的分布区域也不断向西滚动，并最终进入新疆东部，对西域的史前文化产生了深远影响。就在马厂文化形成之时，分布在陕西关中的客省庄文化的部分族群开始向西发展，并逐渐演变为齐家文化。该文化进入洮河流域、河湟地区以后，进一步向河西走廊扩散，将马厂文化的生存空间挤压到走廊西部地区，并对日后四坝文化的形成产生了一定的影响。

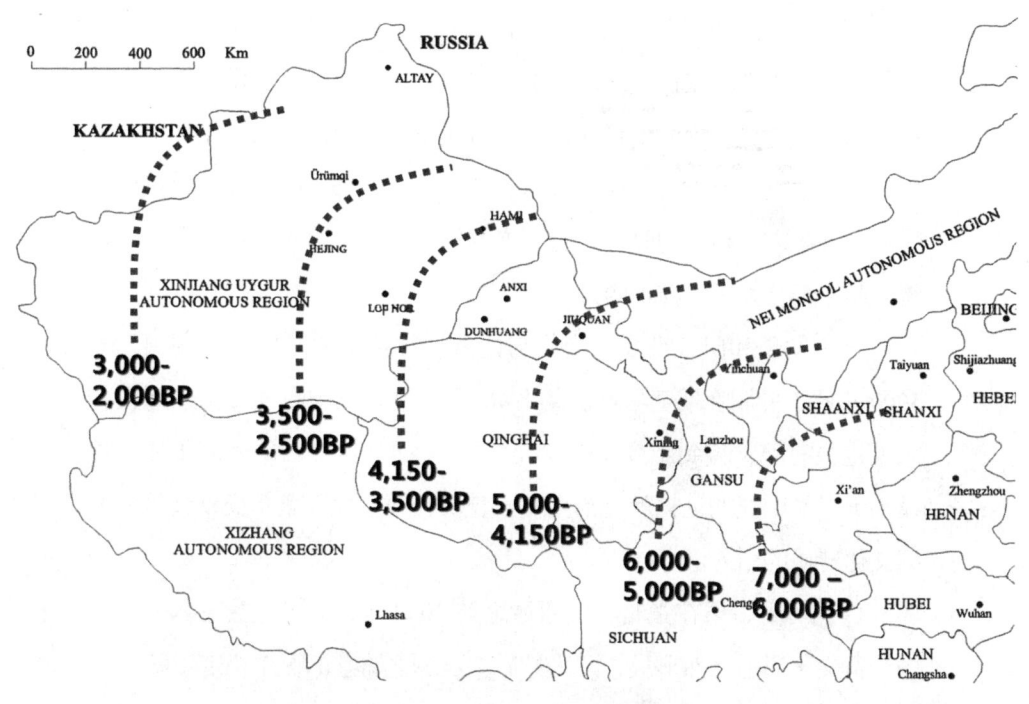

华夏系统以彩陶为代表的农耕文化西进及年代示意

这两次西迁的浪潮对中国西部的史前文化的发展演变产生了极其深远的影响，并且将以彩陶为代表的中原系统的旱作农耕文化引入到大西北。当这支带有强烈华夏印记的史前文化进入新疆哈密以后，逐渐发展为焉不拉克文化、南湾文化，并继续沿天山南北两路向西扩散，先后发展为苏贝希文化、察乌呼沟文化和伊犁河谷的索敦布拉克文化。在这一过程中，除保持一定比例的农耕经济并延续彩陶的制作和使用外，也逐渐增大了畜牧经济的比重，以适应西域的地理环境，考古学文化的地方色彩进一步凸显。

距今4000年前后，即马厂晚期文化进入哈密之时，有部分居住在俄罗斯西伯利亚和阿尔泰的族群沿着额尔齐斯河谷及阿尔泰山南下进入新疆北部，并逐渐向南扩散到新疆的中西部地区，在塔里木河流域发展为小河文化。这一群体的文化和生业带有强烈的畜牧业色彩。

随着来自东西两个方向、不同种族的群体同时进入新疆，南下的原始印欧人和西进的蒙古人开始接触，双方的交互推动了文化发展，也导致人种的混杂、融合。正是在这一大背景下，来自西方的山羊、绵羊、牛、马、大麦、小麦、青铜冶炼术、黄金装饰、马拉战车等文化特质被陆续引进东方。与此同时，来自东方的粟、黍类旱地农作物及漆器、丝绸、制玉工艺等也传向了西方。

考古发现和研究证实，中原与西方最早接触的时间可上溯到距今5000年前（仰韶晚期至马家窑文化阶段），但在最初的千年进展缓慢，规模也很有限。待到距今4000年前后，东西文化交往的速度加快、规模加大，最明显的证据就是冶金术、麦类作物、反刍食草类动物等一系列文化特质的引入。

由此可见，早在张骞出使西域之前2000年，一条连接东西方民间的经贸文化通道已然形成，并为日后"丝绸之路"的诞生奠定了基础。

第八讲：

丝绸之路的馈赠
——外来器物与中国文化

齐东方

没有外来文化的参照，我们很难看清楚自身。了解不同文化之间的差异与共性，促进不同文化之间的借鉴乃至融合，古人为我们提供了经验、教训和方向。无论是古代还是现代，不同的文化享有许多共同的美、共同的人性。交流的价值在于影响人们的思想、行为，任何一个民族、国家，外来文化不仅是补充，还将激发出创造与发展的活力。

汉唐时期有很多外来文物，自身制造的一些器物中有些造型、纹样，原本也来自外来文化，最终融入了人们的生活之中，分辨它们的渊源流变，会发现交流使社会的物质文化不断推陈出新，精神资源也不断丰富发展，交流给人类社会进步带来了巨大影响。

从"溥天之下，莫非王土"到"丝绸之路"

思想观念是如何转变的？有哪些象征性文物？文物怎样反映这种开拓精神？

"溥天之下，莫非王土，率土之滨，莫非王臣"[①]，曾是中国早期的政治地理概念，中国东临浩瀚无际的太平洋，北接荒无人烟的西伯利

---
① 《诗经·小雅·北山》。

亚，西北是苍茫险峻的塔克拉玛干大沙漠，西南为耸入云端的喜马拉雅山。当人们还无法跨越这些地理障碍时，不仅限制了人们对外部世界的了解，而且反映在观念中消极的方面就认为"溥天之下，莫非王土"。这种早期的政治地理概念，又被孔子发挥为"天无二日，土无二王，家无二主，尊无二上"的大一统观。

公元前 2 世纪发生的"张骞通西域"事件[①]，动摇了这一传统观念。张骞历经千辛万苦的西方之行，直接原因是要联合大月氏攻打匈奴。然而，意外的收获却是一次放眼看世界的突破，从此中国开始了勾画沟通欧亚的蓝图，不断派出的庞大使团常常带着牛羊、金帛等礼品，出使西方不再完全以政治、军事为目的，改变了过去把异态文明看作是自身敌人，采用一些极端的方式加以对付的做法。许多国家的使者也纷纷来到中国。

"张骞通西域"开创了与西域诸国政府间的往来，使对异态文明满腹狐疑的防范心理，逐渐增添了试图了解和求知的渴望，一代代肩负重任的使者，穿梭于异常艰难的戈壁、沙漠通道，寻找着东西方文明对峙中的调解办法。

东西双方使团的互访，常常带着各种礼品，有的以使团的名义实际却是纯粹的商业目的。人们通过商品交换逐渐增加了对对方的了解，进

---

① 建元三年（前138）张骞"以郎应募，使月氏"。但出使中途即被匈奴截留十余年，逃离后西行到了大宛（今乌兹别克斯坦境内）、康居（今哈萨克斯坦东南）、大夏（阿姆河流域），找到了大月氏。这时臣服于大夏的大月氏，已无意东还与匈奴为敌。张骞逗留了一年多只好归国，途中又被匈奴拘禁一年多。公元前 126 年，乘匈奴内乱脱身回到长安。张骞出使时带着一百多人，历经十三年后，只剩下他和堂邑父两个人回来。张骞回来以后，向武帝报告了西域的地理、物产、风俗情况，为汉朝开辟通往中亚的交通提供了宝贵的信息。元狩四年（前119），张骞第二次奉派出使西域，率领三百人组成的使团，每人备两匹马，带牛羊万头，金帛货物价值"数千巨万"到了乌孙，游说乌孙王东返，没有成功。他分遣副使持节到了大宛、康居、月氏、大夏等国。元鼎二年（前115）张骞归来，乌孙派使者几十人随同到了长安。此后，安息等国的使者也不断来长安访问和贸易。从此，汉与西域的交通建立起来。

而注重文化方面的交流。

　　文献记录与考古发现不同，文字记录多是赞扬武力战争，对疆场将士的歌颂。考古发现却是大量的精美的外来艺术品，或默默地缅怀丝绸之路盛况的商贾和驼队。文字记录通常是一些事件和特例，考古发现的多是日常生活的器物，更具有普遍意义，反映了当时的社会风貌。

　　汉代以后，西域各国、各民族前来中原王朝的次数与日俱增[1]。路途上主要是用驼马来运送物资，因此胡人牵引的满载货物的骆驼成为那个时代具有特色的文物，以实物反映了东西交往的盛况。

　　在这个发展过程中，值得一提的是隋炀帝，他是中国历史上亲自西巡的君王，他率众经过历时半年的艰难旅途到达张掖[2]，会见了西域二十七国的君主或使臣，场面十分隆重[3]。后来诸番酋长又会集洛阳进行交易，"相率来朝贡者三十余国"。隋炀帝命整饰店肆，陈设帏帐，陈列珍货，大设鱼龙曼延之乐，会见西方宾客。盛会昼夜不歇，灯火辉煌，终月而罢[4]。这是中国史无前例的创举，犹如一次"万国博览会"，对中外交流是一次大促进。

　　唐代是中国政治史上更为成功的王朝，它的前半段是一个稳固的专制帝国，通过强化控制防止了内部的冲突，对外则积极主动地进行外交。与"张骞通西域"相比，统治者的观念变化更进一步。唐初在一次宴会上，太上皇李渊令突厥、南蛮首领共同歌舞，高兴地说道"胡越一家，自

---

[1] 余太山：《两汉魏晋南北朝与西域关系史研究》，中国社会科学出版社，1995年；黄烈：《魏晋南北朝时期西域与内地的关系》，《魏晋隋唐史论集》第一辑，中国社会科学出版社，1981年。
[2] 《隋书》卷三《炀帝杨广纪》，"慨然慕秦皇、汉武之功，甘心将通西域"，"经大斗拔谷，山路隘险，鱼贯而出。风霰晦冥，与从官相失，士卒冻死者大半"，中华书局，1973年，第73页。
[3] 《隋书》卷六七《裴矩传》，"皆令佩金玉、披锦罽，焚香奏乐，歌舞喧噪。复令武威、张掖士女盛饰纵观，骑马嗔咽，周亘数十里，以示中国之盛"，中华书局，1973年，第1580页。
[4] 《隋书》卷八三《西域传》，第1841页。

古未有也"①。感慨各族人聚集一堂，四海一家。在击败了劲敌突厥人后，唐太宗曾兴奋地对来自中亚安国的人说："西突厥已降，商旅可行矣！""诸胡大悦。"可见即便是通过残酷战争，和平通商和友好交往是最终的目的，和平合作、开放包容成为丝绸之路的精神。

东西方之间的中亚地理环境恶劣、气候变幻莫测，当时只有骆驼才能穿越那些令人生畏的沙漠戈壁。汉唐文物中骆驼塑像、绘画等艺术作品被特别加以表现，反映了人们的钦佩、崇敬之情，是对丝绸之路勇敢的开拓精神的歌颂。而且骆驼与商胡常常是固定的组合，生动展现了杜甫诗中的"胡儿制骆驼"的具体形象。

商胡几乎都是深目高鼻，满脸浓密的络腮胡，或秃头顶，或卷发，身穿翻领长袍，足蹬高靴，戴各种胡帽。这说明高超的艺术家们对各国来的客人有深刻的了解，才能塑造出各种各样生动的容颜，而这些见多识广的胡人也是中西文化的传播者。

汉唐骆驼形象变化的轨迹，也表现出中外交往的不断深入。汉代骆驼较少，而且显得有些稚拙，蹄子与马蹄无异，形象塑造与真实的骆驼存在差距，似乎是对骆驼并不十分了解。北朝时期的骆驼多以驮载物品为特征②，点明了骆驼的运输用途。唐代胡人牵引载货骆驼如同是天经地义的造型选择，把它和对外交往、交通贸易紧密地联系在一起。

除了时代变化，还有一个有趣的现象，中国西北出产骆驼的地区，骆驼的形象塑造并不精致，反而越靠东方不生存骆驼的地区，骆驼形象塑造越多、制作更为生动，即在越不熟悉的地区刻画越精美，显然是在向往、猎奇后的创作，是把骆驼作为一种符号，象征当时"丝绸之路"的兴盛。有些塑像抓住了骆驼习性中精彩的瞬间，充满动感，极为传神，

---

① 《资治通鉴》卷一百九十四，唐太宗贞观七年："上皇命突厥颉利可汗起舞，又命南蛮酋长冯智戴咏诗，既而笑曰：'胡越一家，自古未有也。'"
② 洛阳博物馆：《洛阳北魏元邵墓》，《考古》1973年第4期。

陕西沙坡村出土的西汉骆驼

宁夏北周李贤墓中的骆驼

第八讲：丝绸之路的馈赠

唐代骆驼

刻意表现骆驼与自然抗争、勤劳顽强的特点，勾画出"无数驼铃遥过碛，应驮白练到安西"的美妙图景。

汉代开通的丝绸之路，开拓了人们的视野。唐代坚持宽容、开放的治国方略，在古老的传统和外来文化矛盾的旋涡中寻找自己的前进方向。胡人与骆驼的大量出现，反映了对丝路贸易的重视已不是政府和统治阶层独有的崇尚，丝路贸易、对外开拓的精神得到社会普遍认同。到了唐代，出现了"九天阊阖开宫殿，万国衣冠拜冕旒"的盛况，首都长安已如同世界的大商场，举行着永不谢幕的国际博览会。和平发展不仅促进经济腾飞，也改变着人与人的关系和不同文化之间的关系。

唐墓壁画《客使图》，描绘了唐代的外交官接待各国使者的情况，正是这些人把外国的器物带到中国

商品的魅力与东西方的碰撞

外国输入的物品有哪些？发现在什么遗址中？来自哪些国家和地区？

对异域物产的惊奇和需求，是双方商贸交往的最初诱惑。在重农抑商、自给自足的农业中国，商业的繁荣是对传统的冲击，商贸过程中带来公平意识，影响到人们在生活其他方面的态度。

新疆乌恰深山的一个石缝中曾发现大量的金条和947枚萨珊银币①，通向楼兰的黑山梁也发现过970多枚唐"开元通宝"铜钱。与其他考古发现不同，大量货币在这些荒芜之地的发现，显然都是过路商人因突发事件而埋下的，也证明了东西方之间大规模地相互购买货物。丝路贸易的繁荣，使波斯萨珊银币、东罗马金币和唐"开元通宝"成了跨区域的

---

① 李遇春：《新疆乌恰县发现金条和大批波斯银币》，《考古》1959年第9期，第482—483页。

通用货币，外来的金银钱币与中国的铜钱还出现了明确的换算关系。

商品中包含着文化内涵，人们在享受外来的物质利益的同时，会产生对另类文化了解的欲望，如同西方诸国通过美丽的丝绸等认识了中国一样，中国也通过外来商品逐渐认识了外部世界。通过商品的沟通，到了唐代，人们不再一味用居高临下的态度描述其他诸国，某些近乎诋毁的语言也大大减少，商贸之路成了东西方文明的对话之路，频繁的商贸活动成功地转化为文化的交融。

驼背满载的织物、丝束，形象地述说着丝绸流向西方；驼背上携带的长颈瓶、胡瓶、扁壶等，也表明外来物品的传入。这些物品穿过荒芜的戈壁滩和茫茫的沙漠，由大大小小的商贸队伍带来，为中外经济贸易留下了永久的记忆。驼背上详细刻画的扁壶和胡瓶，是对异域器物惟妙惟肖的塑造，在考古发现的实物中也有发现。

目前考古发现的最早的输入品中，战国到东汉时期常常发现的玻璃珠是重要的一类，由于表面有各种色环，被称为"蜻蜓眼"。许多"蜻蜓眼"玻璃珠的化学成分主要是钠钙，这在埃及公元前十二三世纪就已出现，很快遍布于中亚、西亚。中国许多省市都有发现，较早的出土于贵族墓中，稍晚的在中小型墓中也有，出土时位于遗体的颈部和胸部，多的达千枚以上。

外国输入玻璃器皿，是采用型压、无模吹制或有模吹制而成，成分主要为钠钙。产于罗马地区的主要在广州、洛阳、辽宁、南京出土。这批玻璃器的质地、器形，以及堆贴玻璃条、磨花等装饰技法，都体现出罗马玻璃中常见的特点。萨珊玻璃器皿，更广泛出土于中国的新疆、宁夏、陕西、北京、河南、湖北等地。萨珊玻璃擅长在表面用挑勾和磨琢的方法制出乳钉或凹凸圆形的装饰。伊斯兰玻璃纹样以几何纹刻纹为最多见，陕西扶风县法门寺唐代地宫中出土了一批盘、钵，保存完好，制作精美，是伊斯兰玻璃中罕见的珍品。

第八讲：丝绸之路的馈赠

罗马玻璃

萨珊玻璃

伊斯兰玻璃

  输入品中还有金银器，广州西汉南越王墓的银盒，制作技术采用锤揲方法做成凸起的纹样，犹如浮雕，富有立体效果。江苏邗江甘泉二号东汉墓出土一批掐丝、焊金珠、镶嵌绿松石和水晶的金饰品，都是来自外国。汉代以后罗马银盘、萨珊银盘、中亚的银碗和银壶等也纷纷传入。

  中国发现的外来文物，许多都是举世无双，而且至少具备五个特点：有准确的出土地点；经过科学发掘获得；器物制作年代下限明确（有墓志伴出）；同其他器物有组合关系；器物保存完好。这在地中海地区、西亚、中亚等原产地也是少见的。这些珍贵的器物表明了中国与西方诸国的往来十分密切。

第八讲：丝绸之路的馈赠

中亚银碗

罗马银盘

萨珊银盘

  各国派往中国的使节或商人带来的外来土特产与新技术令人耳目一新，首先在技术层面对中国产生了影响。中国古代玻璃器、金银器早期多采用铸造技术，没有显示出玻璃、金银材料制造器物的优越性。外来物品的输入，使玻璃逐渐采用吹制法、金银逐渐采用锤揲工艺，掐丝、粘金珠技术也很快被中国掌握，汉代的金灶、金龙，就是用这种技法制成。

  古代器物的实用性之外，也包含着精神文化的内容，作为商品输入后，也潜移默化地改变着人们的思想。西安南郊何家村唐代遗宝中有一件极为奇特的玛瑙兽首杯，早在西亚的亚述、波斯阿契美尼德王朝已经出现，在西方被称作"来通"（rhyton），多是角杯形，底端有孔，液体可以流出，用途与中原人生活习俗无关。令人惊异的是这类器物传到中国后，陶瓷器中出现了仿制品，而且还出现在唐代表现贵族生活的壁

汉代的金龙

画场景中[①]。仿制品还保持着角杯状、底部有兽首的形态，由于生活习俗不同和对西方文化的生疏，底部都没有泄水孔，已经失去了原本的实用性。追求新奇是对异类文化的关注，即便是滥用外来文化成分，却是思想上的解放。

中国古代对外来事物的借鉴，通常是吸收不是取代。齐王墓随葬坑出土的银盒，看上去像"豆"。但器物下面的座及上面的纽是青铜的，为后来安装。材质虽然不协调，原有器形改变后，却符合了中国人的审美和使用。同样的做法也出现在欧洲，他们将中国的瓷器加上把手。

外来物品及其文化，使中国传统的艺术表现也出现变化，丝绸之路的畅通，使得西方艺术中的植物纹冲击了汉代的龙怪、云气独霸的现象，生动活泼的忍冬、葡萄等植物纹样立刻被接受，迅速流行，成为中国美术史上的一次巨大变化。

中国古代帝王和官修史籍的编撰者都认为自己是世界地中心，视周边邻国为"蛮夷"，商贸活动用所谓"朝贡"来表述，事实上通过"朝贡"而得到的"赏赐"，本质上仍体现通商贸易关系，互联互通，形成了利益共同体，商品的魅力和包含在物品中的文化，最终使商贸活动转化为文化的交融。

---

① 陕西省博物馆、文管会：《唐李寿墓发掘简报》，《文物》1974年第9期。

模仿、借鉴、融合、创新

中国接受了哪些外来文化的因素？为什么会做出那些选择？外来文化因素与中国文化是怎样重新搭配组合的？

中国历史上的民族关系，古人即有"五胡乱华"的诋毁，也有"胡越一家"的感慨。但无论如何，文化的碰撞都会使后人享受恩惠。

外来器物的新颖造型和纹样，激起了人们的创作热情，因而出现了一些精巧化、多样化、无固定模式、自由随意创作的器物群体。中亚粟特盛行一种带环形把手的杯，唐代进行了仿造，开始时还把器体的棱面饰联珠纹、把手带指垫和指蹩环、指垫上饰胡人头像等充满趣味的细节直接仿造。后来融入的创新成分是将外凸的八棱改为内凹的八瓣，分界处的联珠变作柳叶，指垫做成多曲三角形，杯腹的主题纹饰也换成具有浓郁唐式风格的狩猎图和仕女游乐图。这种杯最初与其说是实用品，不如说主要用于观赏，但由于带把给使用上带来便利，最终扩展到陶瓷器的制造上[1]，并开创了后代带把器物的流行。

中亚地区多瓣造型的器物传入中国后[2]，也很快融汇演变成瑰丽的唐式作风，凸瓣、细密水滴状瓣形变为桃形莲瓣装饰。器物形态与生活习俗有关，直接仿制外国的器物很难流行，只有进行重新搭配和改造，才能够被人们接受并一直流行。

唐人以很高的艺术修养，在欣赏西方艺术的同时，把富于变化的多曲形改造成了适合中国人使用的创新产品，呈现出花朵般的造型设计，既体现了对异域文化的取舍和改造，也自然融入了东方的审美情趣。演变后新的样式又成功地得到推广，后来花瓣形的杯、碗和高足花口杯成

---

[1] 中国社会科学院考古研究所：《偃师杏园唐墓》，科学出版社，2001年。
[2] 参见齐东方：《中国发现的粟特银碗》《唐代金银器研究》，中国社会科学出版社，1999年。

为中晚唐乃至宋代器皿的主流。西方器物的传入，也一定程度引起人们生活方式的变化，陕西房陵公主墓壁画，仕女手中所持的器物有许多都是外来的器形，应是贵族生活的真实反映①。

唐代"胡瓶"的出现和流行更是对外来器物的直接接受。胡瓶是一种椭圆形器体，较长的细颈，流口作鸟啄形，带盖，口部到腹部有弯曲的把的器物。文献记载它来自东罗马等地，形状奇特②。唐代的吐蕃人、安禄山等都向朝廷进献过"胡瓶"。日本奈良正仓院保存一件银平脱漆胡瓶，书于天平胜宝八年（756）的《东大寺献物帐》上称之为"漆胡瓶一口"③。胡瓶虽然不是中原汉人的发明，但使用起来方便，很快成为唐人生活中新崛起的器类，并用陶瓷制作来满足广泛的社会需求，走进了寻常百姓家。

比器物更为重要的还有家具的变化。中国古人原本席地而坐，相配合的家具是低矮的几、案之类，后来从西域传来一种便于携带的轻便坐具"胡床"④，即今天还在使用的轻便的折叠凳，也就是俗称的"马扎儿"。胡床在隋代以后改名为"交床"，使用时下垂双腿，双足着地。又受佛教的垂脚坐式的影响，最终出现了高腿椅子。高背椅子在唐代叫绳床或倚床，宋代有人作了明确的解释，说是一种可以垂足靠背的坐具⑤。唐

---

① 安峥地：《唐房陵大长公主墓清理简报》，《文博》1990年第1期。
②《太平御览》卷七五八引《前凉录》，此条又见《十六国春秋》卷七二。十六国"张轨时，西胡致金胡（瓶）饼，皆拂菻作，奇状，并人高，二枚"，"拂菻"是指东罗马，西胡泛指中、西亚。
③ 奈良国立博物馆：《正仓院展》，便利堂，1990年。
④《三国志·魏书·苏则传》载，魏文帝行猎时"槎枒拔，失鹿，帝大怒，踞胡床拔刀，悉收督吏，将斩之"。易水：《漫话胡床——家具谈往三》，《文物》1982年第10期。椅子起源于古代埃及、西亚一带。新疆和田的尼雅古城发掘到一把汉代木制的高脚带靠背的椅子。这种椅子的形制可能影响到印度，使印度佛教造像如犍陀罗式雕像中出现了垂脚而坐的佛像，后来也出现了坐高脚靠背椅说法的佛像。黄正建：《唐代的椅子与绳床》，《文物》1990年第7期。
⑤《资治通鉴》引程大昌《演繁录》："交床、绳床，今人家有之，然二物也，……绳床以板为之，人坐其上，其广可容膝，后有靠背，左右有托手，可以搁臂，其下四足着地。"

末木字旁的"椅"字正式出现。宋代以后人们终于改变了跪坐的习惯。

　　起居方式的变化引发了生活习俗的一系列变革。高腿家具与席地而坐迥然不同，与椅子配套的是桌子，不光使得人们在居室内自由走动更加随意，视野开阔，日常生活器皿形态、装饰也发生变化，晚唐和宋代以后作为观赏的图案花纹，也由仅仅装饰在器物外表变成装饰内部。由于伏案姿势的变化，甚至连人的着装、书法的艺术追求也发生了改变。起居方式的改变也出现人际交往礼仪的新要求，儒家礼学大师认为"古人坐席，故以伸足为箕倨。今世坐榻，乃以垂足为礼，盖相反矣"，"若对宾客时，合当垂足坐"①。家具的变化不是一场轰轰烈烈的政治革命，却比较彻底地改变人的生活和思想观念。

　　音乐、舞蹈、服装等方面与外来文化的交融也有明确的体现。唐初"以陈、梁旧乐杂用吴、楚之音，周、齐旧乐多涉胡戎之伎，于是斟酌南北，考以古音，作大唐雅乐"②。稍后增订完成了十部乐，分为燕乐、清乐、西凉乐、天竺乐、高丽乐、龟兹乐、安国乐、疏勒乐、康国乐、高昌乐，广泛吸收了各民族和外国音乐和乐器的精华，打破了传统文化的单调。外来的舞蹈，通过绘画、图案的方式保存下来。以快速、热烈、刚健为特色的中亚胡旋舞，出现在一些器物的图案装饰上，北魏时适于马背上携带的游牧民族喜爱的扁壶，上面有深目高鼻的胡人和乐队表演胡腾舞（胡旋舞）。唐人十分明确指出这种舞蹈源自中亚粟特③，最初

―――――――――
① 《朱子语类》卷九一，《鸡肋编》卷下。
② 《旧唐书》卷七九《祖孝孙传》，中华书局，1975年，第2710页。
③ 刘言史《王中丞宅夜观舞胡腾》："石国胡儿人见少，蹲舞樽前急如鸟。织成蕃帽虚顶件，细氎胡衫双袖小。手中抛下葡萄盏，西顾忽思乡路远。跳身转毂宝带鸣，弄脚缤纷锦靴软。四座无言皆瞠目，横笛琵琶遍头促。乱腾新毯雪朱毛，仿佛轻花下红烛。" 胡腾舞或胡旋舞的舞姿粗犷，要在铺设的小地毯上旋转、踏跳、腾跃。白居易形容是"左转右转不知疲，千匝万周无已时"。岑参描写为"回裾转裙若飞雪，左鋋右鋋生旋风"。

流行于胡人之中[①]，后来几乎遍及中国。莫高窟初唐 220 窟中几乎完美地描绘出了这种技巧难度很大的舞姿，宁夏盐池唐墓中甚至将之刻在了石墓门上[②]，湖南长沙窑还把这种形象用来装饰瓷器。唐代的音乐舞蹈出现的雄强之气，是与此前不同新的精神面貌，其中得益于对外来艺术的借鉴。以外来乐舞为参照完成的更新改造，满足了新时代人们追求精神享乐的渴望，而且中国古代乐舞大多带有"功成作乐"的性质，与礼仪制度有关，是礼仪制度层面对外来文化的吸收。

莫高窟初唐 220 窟中的胡旋舞壁画

[①]《旧唐书·音乐志》说这种舞"舞急转如风，俗谓之胡旋，乐有笛二、正鼓一、和鼓一、铜钹一"。《新唐书》谓安禄山臃肿肥胖，"腹缓及膝"，却能跳胡旋舞，"乃疾如风"。
[②] 宁夏回族自治区博物馆：《宁夏盐池唐墓发掘简报》，《文物》1988 年第 9 期。

莫高窟初唐 220 窟中的胡旋舞壁画

　　表现人体自然之美，是古希腊罗马的艺术追求。借丝绸之路的畅通，一批西域画家将之东传。新疆尉犁县营盘在汉晋时期古墓的织物中可见异域风格的人物。北齐时从中亚移居而来的曹仲达，画人物"其体稠叠，衣服紧窄"，像水湿过似的贴在身上，后世有"曹衣出水"之说，隋唐时这种艺术风格被广为接受。在陶俑的变化中，有唐初闲雅而潇洒、盛唐丰丽而浪漫、再晚些舒展而放纵的演变。汉魏时期传统的褒衣博带式装束到唐代受到了新奇而大胆的胡服的冲击。女性服装的变化中最有趣的是幂离、帷帽、胡帽的更替。幂离是在帽下垂布帛将全身遮蔽。帷帽为下垂布帛到颈。胡帽不垂布帛。最初由遮掩全身防止窥视转变靓妆露面时，受到了唐高宗的严厉斥责，认为是"过为轻率，深失礼容"，被视为轻佻之举。但这种服装新潮流并没有因为皇帝反对而改变，在相隔六十年后的唐玄宗时期，不仅诏令认可，还进一步要求妇人"帽子皆大露面，不得有掩蔽"，鼓励妇女靓妆露面。

通过丝绸之路，西方各国和各民族的人大量来到内地，着装奇特的胡人、胡姬，带来了异域的审美倾向，唐代女性服装由全身障蔽到窄狭贴身，再到袒胸露肌的动态变化过程，使缺乏对人体美追求的中国古代造型艺术发生了改变，这种受西方文化影响出现的反传统的现象，其社会意义更为重要，应该是社会风尚、观念的深层变化。

结语

古代文物呈现出一个跌宕起伏、精彩变幻的世界。器物的制造、演变中每个充满趣味的细节，不仅凝塑着古人的智慧和情感，还可以看到与外来文化的交融。汉唐时期的移民与征服、交往与贸易，产生出文化的相互馈赠往往超出最初的设想，在这个动态的过程中，人们接受外来文化的态度不断转变，突破国家、民族、地域的限制，放弃"非我族类，其心必异"的陈腐观念，以宽容与开放的心态主动善意与各民族交往，极大促进了中国文化新的整合和盛世辉煌的出现，也加速了东西方文明的共同发展。

第九讲：

汉代的外来文明及其华化

——以小砖拱券技术和神道石刻为例

韦 正

汉代是中国大力吸收外来文明的第一个盛期。张骞通西域后，经由今新疆的丝绸之路成为中国与域外交流的主要通道。相比而言，先秦时期作为中外交流主要通道的草原之路的重要性有所下降。海上丝绸之路大约在西汉中期的开通，使中国与域外交流的三大通道全部打开。之前经由草原之路传入的文化因素草原文化特色显著，譬如青铜兵器、动物纹带具等物。经由新疆的丝路成为主要通道后，草原文化因素仍继续传入，但来自于中西亚、印度乃至希腊、罗马的基于农耕和海洋文明的文化因素成为主流，并对中华文明产生了深层次的影响，限于篇幅，本文将就与墓葬相关的小砖拱券技术和神道石刻略加讨论。此二者的共同特点是，在传入华夏的同时受到了后者本土文明的改造，比较典型地反映了中外文化交流、融合的历程。

一、小砖拱券技术

古代中国以农为本，祖先崇拜异常发达，其表现之一就是特别强调丧葬。因而从古至今，中国大地上遗留下来的古代墓葬数量多、规模大、装饰奢华、内涵丰富。从形态上看，这些墓葬大体可分为两大历史阶段，早期以竖穴土坑墓为主，后期以横穴式墓为主。所谓竖穴土坑墓，就是直接在地面上挖坑，坑的大小、随葬品的多寡差别非常大，但将挖出来的土回填到墓坑里，往往会使棺椁被压坏。当然，土坑墓的盗挖难度也比较大。所谓横穴式墓，是用砖头砌成房屋的形状，棺材和随葬品从"房门"中运进去，这样下葬时的原貌能较好地保存下来，但也方便了盗贼，造成十墓九空的局面。竖穴转变为横穴，在丧葬礼仪上带来的最重要变化是：可以模仿现实居室来布置墓室了。象征墓主起居的前堂，象征墓主安寝的后室，车厩、厨房、仓库、厕所等，都可以视墓主的身份、财力而多少不等地被模拟出来。壁画也有了施展的空间，斗拱、天象仙界、人间生活都可以用绘画表现。当然，也不乏直接用砖头砌出斗拱等建筑构件的墓例。

由上面简略的叙述看，从竖穴到横穴的转变是中国古代墓葬发展史上的大事。这个转变是如何发生的？什么样的技术条件支撑了这一转变？下面尝试回答。

西汉政权建立后，一部分王侯贵族开始向山肚子里掏挖营建自己的陵墓，在江苏徐州、山东曲阜、河南商丘、河北满城、广东广州都留下了多例这种类型的大墓。河南永城梁孝王后墓规模非常之大，通长达二百余米；江苏徐州北洞山楚王墓主体部分与附属建筑为上下层结构，似乎比地面建筑还复杂。这类墓葬的出现，主要有两方面原因。一是汉文帝将自己的陵墓建于山上；二是战国以来钢铁冶炼技术的发达，为开山凿石创造了条件。在王侯贵族的引领下，其他人物也开始营造横穴式墓，但他们没有那么大的财势，而且也不是哪里都有山可以开凿，于是他们就先挖出横穴式的墓葬，在墓中用小砖砌建墓室，墓室的顶部形状有好几种，但本质上都是拱起的拱券。这种墓葬最初出现于西汉中期的关中地区，不久之后，就在全国范围内迅速流行起来，而且一直沿用到近代，乃至于成为中国墓葬的基本特征，很让人觉得这是在中国土生土长的。但略加考察就可知，这是西方文化传播到中国境内的结果。所以这样说，是基于以下原因[1]。

河北满城汉墓复原图

小砖拱券墓突然兴起的西汉中期之前，中国很少使用小砖，拱券也甚为罕见。西周时期已经有砖，但不多见，而且是方形或近方形的土坯砖，与汉代常见的长宽之比为2∶1的小砖不一样。这种小砖在时代可能为战国时期的冶铁遗址中也有发现，但在那个时代是很少见的。拱券在中国出现的时间不晚，山西翼城大河口西周墓葬中已有拱券形的龛室，秦墓中拱券龛的数量也不少。但上述拱券均系掏挖而成，与有意识地搭建出拱券不是一回事。西汉中期的考古材料显示出，之前中国既无以小砖为建筑材料的传统，也不具备用小砖搭建拱券的技术。之所以如此，是因为中国早已形成了自成特色的土木建筑体系，墙壁部分，中原、北方地区用夯土，南方地区用木板和木柱，房顶部分用木材交叉搭成人字形，

---

[1] 相关讨论可参见常青：《西域文明与华夏建筑的变迁》，湖南教育出版社，1992年；徐永利：《汉地砖砌穹隆起源刍议》，《建筑学报》2012年总第7期。材料来源承北京大学考古文博学院徐怡涛、王书林老师见告。

门窗部分用木材搭建成方形。这种建筑体系至迟在新石器时代晚期已经相当成熟，如甘肃秦安大地湾遗址中的大房子、浙江余姚河姆渡遗址中的干栏式建筑。在这个建筑体系中，小砖与拱券技术几乎无用武之地。

但在西方建筑体系中，情况正好相反。公元前三四千年前，埃及、西亚已经使用小砖。土坯小砖的使用与气候因素有直接关系。埃及、西亚常年干燥，用植物草茎与泥土混合搅拌，再压成长方形，放在太阳光下晾晒一段时间，不需要入窑烧制，就可以形成相当坚硬的土坯砖。这种土坯砖被广泛应用于建造墙壁。当然，西方也不缺少烧制过的小砖，希腊罗马不少建筑都是用这类小砖建成。因为经过烧制的小砖十分坚硬，所以一些罗马建筑如浴室建造得特别高大。至于拱券，最早出现在西亚，大约公元前两千年前已有小砖砌就的拱券建筑。最有名的早期拱券是巴比伦王国时期的伊什塔尔城门（Ishtar Gate），这是巴比伦内城的八个

新巴比伦王国时期的
伊什塔尔城门

城门之一，大约建于公元前575年，是尼布甲尼撒二世下令修建的建筑杰作。罗马帝国时期将拱券技术发挥得淋漓尽致，大量举世闻名的建筑留存至今，如凯旋门、斗兽场、罗马皇宫等，虽然不少是用石块砌成的建筑，但也不乏小砖所建者。伴随着亚历山大东征，希腊在中亚地区也建立了殖民城市，在今阿富汗境内发现的不少拱券建筑，就是亚历山大东征的产物。可以说，小砖和拱券技术早已经来到了中国的大门口，只待适当的机会被引进中国，这个契机就是张骞通西域。

过去通常认为小砖拱券技术是中国人自己发明的，该观点以考古材料为论据[①]，但所举墓例的年代都晚于张骞通西域。这不能解释西方拱券技术在时间上和交通线路上都具备传入中国的情况下，为什么中国人自己独立发明和迅速普遍使用了小砖拱券技术。分开来看，小砖烧造虽然比较简单，但各种形态和尺寸的小砖之间的配合使用却不简单，而且如上文所言，中国传统的土木建筑体系排拒小砖建筑。拱券的构建不是简单的技术，需要搭建木架，需要计算起券砖的数量和位置，没有技术人员的直接指导和众人的合作，不可能构建起完整的建筑。而且，从人类文明史的进程看，在一个地区同时发明材料，又发明技术，发明的结果又与另一个地区几乎完全相似，这是不可能的。何况当时已具备文化传播的时空条件了。再者，中国早已形成包括木质棺椁墓葬在内的土木建筑体系，本无迫切的创新需求，不存在一定将墓顶建成小砖拱券的需要。因此，合理的情形是，横穴墓逐渐流行后，墓顶如何构造得更加完善成了问题。此时，小砖拱券技术正好与葡萄、苜蓿、天马一起随着西域的开通走进中国。葡萄等进入了皇家和社会上层，一时之间没有对中国社会产生很明显的影响；小砖拱券技术正好迎合了当时墓葬建设的需要，因而产生了迅速而巨大的影响。

---

① 参见刘敦桢主编：《中国古代建筑史》第三章第七节，建筑工业出版社，1984年。

如众所知，汉武帝发动的西域战争获得了大量战利品，其中可能有掌握小砖拱券技术的工匠。虽然没有俘获工匠的文献记载，但工匠，包括军队中的工匠，是战争过程中刻意掠夺的对象。很可能同唐与大食战争相似，唐工匠或军人被大食俘虏后将造纸术传播到了西方，被汉军俘虏的中亚工匠或军人将小砖拱券技术带到了中国。小砖拱券墓首先出现于关中地区似乎也不是偶然的，被俘虏的中亚工匠或军人会首先被带到首都所在的关中地区。小砖拱券墓最初使用者的身份都是社会中下层人物，这些人思想观念上容易革新，在身份上也有与中亚工匠或军人较多接触的机会，或许小砖拱券技术就是他们彼此交流的产物。

我们可以大致勾勒一下小砖拱券墓在中国的发生和扩散轨迹：第一步，秦统一后，原秦地流行的洞室墓在更大地域范围内流行，甚至还出现掏成拱券的龛室，为大规模接受西方成熟的拱券技术准备了条件。第二步，西汉早期帝王陵墓开始使用崖洞墓，预示便于模仿现实居所的横穴墓将成为主流。第三步，长安、洛阳等中心地区率先接受小砖拱券技术，然后借助行政力量传播到各地。各地木椁墓消失的时间先后不一样，与距离首都地区空间或政治上的远近相应。第四步，小砖拱券墓葬在全国依次取代之前的木椁墓，没有迹象表明其他地区自主产生小砖拱券技术，这就如同中国本身没有自主产生小砖拱券技术一样。第五步，部分东汉诸侯王墓葬——最保守的墓葬类型，在东汉中期也采用小砖拱券（如山东临淄金岭镇 1 号墓，明帝永平十三年 [70]，墓主为齐炀王刘石），表明这一技术征服了各个社会阶层。

小砖拱券技术虽然源头在西方，但西方主要将这一技术应用于地面建筑，中国则将之应用于墓葬，并进行了改造，这里举出两个例子。

一个例子是西安曲江小区东汉中期的墓葬 M16，这是一座典型的东汉墓，是标准的前堂后寝布局。前室平面呈方形，布置成墓主人生前起居的样子；后室平面呈长方形，摆放着墓主夫妇的棺材。因为后室只用于放棺，所以砌成简单的拱券，高度略低于普通人的身高。前室因为象征起居之处，所以按照厅堂的格局布置各种随葬物品，其中心是墓主的"位"。封闭墓门之前，可能还要对墓主进行一次具有祭祀性质的"设奠"活动。前室的性质和在前室中进行的活动要求将前室建得高大宽敞，为了达到这个目的，前室的顶部被处理成四面向上围合的形状，这是特地处理而成的，并不十分符合建筑力学。如果以墓室的牢固为首选项，完全可以将顶部做成拱券。为什么处理成四面积顶？可能有两个原因。其一，模仿四面坡屋顶的地面建筑，徐州等地的西汉时期崖洞墓中已有这样的顶部，东汉时期随葬房屋模型中四面坡顶的也很多。其二，便利了天圆地方观念的表达。四面积顶式墓葬从里面看顶部近似圆形，与下面的方形墓室构成上圆下方的模拟世界。如果有壁画的话，顶部通常在最上部画天象；略下部则按照东西南北方位绘相关的内容，甚至直接画出青龙、白虎、朱雀、玄武；在墓室四壁所画的则是车马、庖厨、宴饮等现实生活景象。这种空间理念和题材布局构成的前室是一处典型的礼仪空间，四面积顶的墓顶显然比半圆筒形的拱券更符合要求、更具有表现力。

西安曲江小区东汉中期的墓葬 M16

再一个例子是东汉时期出现，三国西晋时期长江中、下游地区大中型墓葬中特别流行的"四隅券进顶"，这种顶式以墓室的四个角为中心，向上向内起出四个角券。这种墓顶形式在西方也早已存在，但中国工匠的改造亦功不可没。我们发现，随着时代的变化，墓室四壁中部发券点的位置逐渐向下，甚至可以接近墓室底部，这样就将墓壁和墓顶结合在一起，其牢固程度仅次于平面圆形的半球顶墓，而且符合墓室空间和方位的象征性。这种顶式向南方而不向北方流传与南北自然条件不一样有关。北方地区黄土深厚，雨水较少，墓葬顶部承受的压力较小；南方地区雨水很多，而且土壤特性与北方很不一样，日晒则开裂，遇雨则成汤，因此，对墓葬的牢固性要求更高，四面积顶的墓顶形式给人造成不安全感，寻求改进势所必然。我们也发现这种顶式有被过度使用的嫌疑，因为这种墓顶形式东晋中期仍然顽强地存在着，特别是仍被包括帝陵在内的高等级墓葬采用。但是，由于这个时期单室墓成为规制，营建一个边长七八米乃至近十米的方形平面的四隅券进顶墓葬，当时是不具备这个条件的，因此只能将墓室建成长方形。但为了迁就墓室空间和方位上的象征性，更牢固的拱券被舍弃，四隅券进顶依旧被采纳。因为墓室长宽之比太悬殊，四隅券进顶的构筑勉为其难，已经失去了安全性，不少东晋大型墓葬在发掘之前已经坍塌就是这个缘故。

　　从以上两个例子可以看出，一项技术最初的产生当出于现实需要，但技术的运用不可能不受到思想观念和各地自然条件的影响，由此而发生的变化是很令人惊诧的，其中既有成功也有不可取之处，但这是历史的实际，是确确实实的华化进程。

二、神道石刻

　　普通人能够亲眼看到古代墓葬的机会并不多，中国古代墓葬蕴含的西方文化信息如果不经由考古发掘几乎不为后人所知。与地下的墓室相比，普通人经常能够见到的是墓葬封土之前、地面之上的石像生——神道石刻。全国各地几乎都有数量不等的明清官员墓葬，墓葬封土也许不存了，但墓葬前的石像生指示着墓葬所在。著名者如北京和南京的明代帝陵、巩县宋陵、西安唐陵，南京、丹阳一带的南朝陵墓石刻。东汉帝王陵墓前的神道石刻至今尚没有完全可信的发现，但四川、重庆、河南、河北、北京等地都存在或在官员墓葬前面发现了神道石柱、石碑、石阙、石兽等物。西汉时期的墓前石刻能举出来的只有霍去病墓前的马踏匈奴石雕、麃孝禹石刻等寥寥数例。再往前就没有任何考古发现了。但是，有翼神兽并不始见于东汉，特别是中国早期文献中已有"碑"这个字，于是，关于陵墓前的石刻究竟是中国起源，还是受到西方影响的结果，就产生了不同的意见。其实，从相关考古发现，并结合历史背景来看，与小砖拱券技术一样，中国陵墓前的神道石刻基本是外来文化影响的结果，只是在后来发展出越来越鲜明的民族特点。

那么，本土说的主要论据是什么？本土说认为中国上古时期就能雕刻出精美的玉器、石器，铸造出大型精美的青铜器，秦始皇陵兵马俑更是中国工匠具备大型物体造型能力的标志，东汉开始在陵墓前流行的神道石刻在雕造工艺方面并没有什么特别之处，中国工匠完全有能力将它们制造出来。本土说还对几类石像生的中国渊源作了说明。对于其中的有翼神兽，本土说认为《山海经》等早期文献中早有关于带羽翼动物的记载，春秋战国时期中国已出现实物，著名者如中山王墓出土的青铜有翼神兽，东汉时期不过将之应用到了墓葬前面而已。对于外表有凹棱的石柱即束竹柱，本土说指出《晋书》上有相关记载：当时办理丧事时，建有"凶门柏历"——进入丧事活动场所的大门，木质的门柱外面用竹片包裹，并用绳子捆扎起来，这种形状与神道石柱正相似。对于石碑，本土说指出中国古代文献中的相关记载就更多了。仔细分析，本土说的后两条论述经不起推敲，第一点也模棱两可。文献中没有晋代之前存在"凶门柏历"的记载，晋人也说"凶门柏历，礼典所无"，这是晋代的新生事物，它出现的年代晚于束竹柱。而且，东汉之前束竹柱从没有在中国建筑中出现过。因此，晋代出现的用竹片包裹、绳子捆扎的"柏历"柱，很有可能是模仿了东汉以来陵墓前的束竹柱，而不是相反。关于石碑，《说文石部》说："碑，竖石也。"据有关学者研究，这种石碑，一指古代宫中测量日影的石头，一指庙中系拴牲口的石头，这两种石碑本质上就是石柱，与墓碑没有关系。再有一种碑指竖在墓坑四角的木柱，用以下葬木棺。《礼记·檀弓》说："公室视丰碑。"郑玄注："丰碑，斫大木为之，形如石碑。于椁前后四角树之，穿中于间，为鹿卢，下棺以绋绕。"《释名》也说："碑，被也。此本葬时所设也，施其鹿卢，以绳被其上，引以下棺。"陕西凤翔秦公一号大墓墓坑四角发掘出竖立的木柱，柱上有穿，与文献记载吻合。这种碑与东汉出现的墓碑性质不同，如果说墓碑由这种下棺的木柱变化而来，需要对变化的环节，以及发生这种变化的原因予以论证。但从现有的文献和考古材料看，这样的论证尚无法完成。至于有翼神兽，虽然春秋战国时代中国已有，但据研究，从出土的实物来看，那时的有翼神兽很可能也是受到西方艺术影响的结果。[1]东汉陵墓前有翼神兽与之前的最大不同之处是作狮子形。我们知道，中国本土没有狮子，狮子是汉武帝开通西域之后传入中国的，我们现在所知最早的具体的狮子形象就是东汉陵墓前的石刻。狮子这一名称与天禄、符拔、辟邪都是外来语，都属于同一类的事物，彼此之间应该有一定的差别，但当时的人就已经说不清楚了，后人更加难以辨明，这正说明中国人对这类动物的陌生。因此，单就神兽是否有翼来看，东汉陵墓前的这类石刻似乎可以说具有中国渊源，但若具体考虑到狮子原产地和

---

[1] 李零：《论中国的有翼神兽》，载李氏著《入山与出塞》，文物出版社，2004年。

来到中国的时间，如果坚持中国说，就需要对为什么将带翼的石狮子安放在陵墓前面做出合理的说明了。上面所说的问题，如果换个角度，也就是将它们作为外来文化看待，就不再面临那么多的障碍了。

陵墓前面安放神兽在西方有古老的渊源，最有名的是埃及金字塔前的斯芬克斯①。在陵墓前设置石柱和石碑，希腊罗马世界同样具有古老传统，我们这里只举雅典城西一处陶器遗址旁的墓地为例。这个墓地的年代为公元前6—前4世纪，墓地地表竖立很多石刻，包括石柱、石碑和石兽。石柱形状与北京幽州书佐秦君神道石柱非常相似。石碑的总体形状可分为两种，一是三角形碑额，一是扇贝状圆形碑额，这两种形态恰好与中国传统的圭首碑和圆首碑非常相似。石兽有狮子、牛、狗等，有些位置不明，有些位于方形的石底座上。虽然相距万里，但这一墓地上的石刻与东汉陵墓前的神道石刻具有不可思议的相似性，因此，我们认为将东汉陵墓石刻的渊源追溯到西方是合理的。当然，东汉陵墓石刻不应从希腊直接传入，根据位于今土耳其的内姆鲁特达格安提阿哥一世陵墓石刻（前69—前34）推测，可能是在亚历山大东征将希腊化文化带入西亚和中亚地区之后，辗转影响到中国。

雅典城西陶器遗址旁墓地

① 此则材料承北京大学考古文博学院王倩告知。

第九讲：汉代的外来文明及其华化

内姆鲁特达格安提阿哥一世陵墓石刻（前69—前34）

在对东汉陵墓前面石刻的来源加以讨论之后，我们还需要对中国传统上不在陵墓之前安放神兽的原因做出说明，或者说，我们需要对陵墓前安放石兽兴起于东汉时期给予说明。在古代世界的范围内，中国属于厚葬的国度。不过，中国古代的厚葬有其特点，就是长久以来强调陵墓的地下部分而忽略地上部分，如中原地区在春秋之前的陵墓一直不树不封。因为地面没有封土等标志，所以孔子难以找到其父母的坟墓，这一故事广为人知。这种情况在战国时期发生了变化，那就是各国王侯开始在地面堆建起高大的坟丘，秦始皇为自己建造了中国历史上规模最大的陵墓，西汉开始在帝王陵墓前面出现陪陵的王侯大臣墓葬，但除霍去病墓等个别特殊墓葬外，包括帝王陵墓在内的西汉墓葬前面都没有石像生，这大概是由于截止那个时代的人们对墓葬的独特理解造成的。从出土的《兆域图》可知，战国中山王墓之上已经建造了享堂。秦始皇陵墓格局完整、功能齐备，寝殿、便殿、饮官建筑等设置表明陵墓象征着其生前的寝宫。这种布局和象征性为西汉继承而局部有调整和完善，早年发掘的汉宣帝杜陵和近年发掘的南昌海昏侯墓都很有代表性。可以说，除陵墓的封土之外，帝王陵墓的其他设施几乎是按照他们生前的生活场所布置的。虽然陵墓是墓主埋身之所，但进行的事死如事生的活动都是在便殿、寝殿等建筑内进行的，是模拟墓主灵魂来到这些建筑之中而进行的，坟丘本身并不是各种活动的中心，反而有被忽略之感。但是，从东汉时期开始，这种情况发生了改变。经过若干学者的研究，我们得以清楚地知道，东汉政权建立后，刘秀及其继承者在血统关系上难以为自己的合法性给予充分说明。于是，东汉第二代皇帝汉明帝开始大兴上陵仪，即通过率领宗王大臣拜谒光武帝陵坟丘以获取权威和合法性，明帝以后的皇帝莫不如此，直至曹魏仍然沿袭这个做法。此风所及，民间对坟丘的重视程度也大为加强，此前并不为人重视的祠堂大量出现，而且修建得精致而坚固。神道石刻也是在此风影响下出现并逐渐普及的。可以想见，坟墓的封丘本身受到重视后，它受到的保卫会更严格了，尤其是皇帝亲临作礼时，大量的仪仗侍卫要被安排在陵墓前面，官员们自然没有这个阵势，但心中的羡慕之情却难以抑制，来自西方的陵墓石刻大概正好迎合了这个需要。文献所载和至今尚存墓前石刻的东汉墓主都是东汉官员，可以支持我们的推测。

  当然，必须指出的是，与小砖拱券技术一样，神道石刻的渊源虽然也在西方，但它们与可以携带的珍贵物品不同，都是在中国社会产生需要或普遍认同之后才获得发展机会的。而且，这些来自异域的文化现象从被中国人真正接纳的那一刻起，就开始按照中国人的理解和需要发生变化了。在神道石刻方面我们发现最大的变化表现在墓碑上，西方墓碑上常见的浮雕人物形象被记载墓主生平的文字所代替，碑额上还增加了源自中国传统但无实际用途的穿孔。将墓碑上部改为龙首，在神道石柱的底座雕刻出龙虎形象，也是明显的中国文化因素。在神道石柱的上部镶上长方形石块，并刻上"汉故幽州书佐秦府君之神道"等文字，更属于中国化的产物。

三、小结

从三代进入秦汉，中国社会发生了巨大的变革，促使墓葬做出相应的调整。丝绸之路的开通，为中国墓葬的调整适时提供了新技术和新资源。中国土木结构的建筑体系决定了中国墓葬由竖穴墓系统向横穴墓系统转变过程中，西方小砖拱券技术起着关键作用。秦汉以后中央集权对陵墓本体——封丘的政治意义的强调，使来自西方的墓前石刻被接纳只是早迟的事情。丧葬是古代文化中最保守的部分，特别是在以礼法自居的统治阶级那里，因此，我们看到的是，小砖拱券技术和神道石刻最初被接纳，既没有在统治阶级上层发生，也没有在礼所不下的庶人群体中发生，而是发生在既能接触到新鲜事物，又希望通过一定的礼仪变革抬升自身社会地位和影响的中下层官员阶层中。时代的潮流是不可阻挡的，经过一段时间后，从中下层官员开始发生的变革逐渐影响到社会的两端。以小砖拱券技术而言，东汉中后期只要稍具财力者都采用砖砌墓室，采用土坑木棺者几乎都是当时社会上的赤贫者；标志诸侯王身份的黄肠题凑墓也从西汉时期的木构改以砖石构筑。以神道石刻而言，没有可靠的证据表明东汉帝王陵墓前已经采用，确凿的证据是南朝宋时期的。不过，如众所知，曹魏开始实行包括薄葬在内的碑禁，西晋、东晋沿袭，南朝宋才发生变化。因此，帝王陵墓前设置神道石刻大概也是历史发展的必然趋势。从箱式木棺椁发展成为拱券，从陵墓前一无所有发展出成组配置的神道石刻，丝绸之路开通后中国陵墓发生的变化着实惊人，这些变化或与传统的丧葬制度巧妙结合，或发展成为新的丧葬礼仪，对后来的中国丧葬文化产生的深远影响，值得我们进行充分的评估。

第十讲：

夷俗并从：北朝隋唐粟特的祆教信仰与丧葬

沈睿文

北朝隋唐时期，来华的波斯人主要是肩负外交和政治使命的使者，而不是严格意义上的商人。与此相反，中亚两河流域的粟特人，从公元4世纪初到公元8世纪上半叶，在中亚到中国北方的陆上丝绸之路沿线，建立起了完善的商业贩运和贸易的网络。于是，萨珊波斯的商人就很难插足其间，来争夺中亚和中国本土的商业利益了[1]。我们也可以从大量公布的石刻史料中，看到这些粟特商队首领入仕中国，变成乡团首领、军府统帅、王府宫廷侍卫，以及译语人、互市牙郎等。从粟特到中国，一个粟特首领如何从商人转变为聚落首领，最后落地生根，成为中国臣民，北朝末到唐朝初年是最为关键的时代[2]。

中古中国祆教徒的主体主要是粟特胡及其后裔[3]，因此很自然地带来其故土的信仰内容和形式，以幻术的表演渲染、展示宗教的神奇、神秘、

---

[1] 参荣新江：《丝路钱币与粟特商人》，见其所撰《丝绸之路与东西文化交流》，北京大学出版社，2015年，第241页。详细论证参其《波斯与中国：两种文化在唐朝的交融》。
[2] 参荣新江：《一位粟特首领的丝路生涯——史君石椁图像素描》，载国家文物局编：《丝绸之路》，文物出版社，2014年，第45—50页。
[3] 蔡鸿生首倡"粟特裔"的概念，详陈春声主编：《学理与方法——蔡鸿生先生执教中山大学五十周年纪念文集》，博士苑出版社，2007年，第10—13页。

灵验。这应该是粟特版祆教的内容①。1999年以来，虞弘、安伽、史君、康业等粟特裔贵族墓葬的相继发掘（表1）②，和对以往相关材料的重新辨识③，使得我们对中古中国祆教的认识益发丰厚。

① 蔡鸿生：《〈波斯拜火教与古代中国〉序》，所撰《学境》，香港：博士苑出版社，2001年，第154—155页。林悟殊：《唐宋三夷教的社会走向》，原载荣新江主编《唐代宗教信仰与社会》，上海辞书出版社，2003年，第359—384页；后收入所撰《中古三夷教辨证》，中华书局，2005年，第346—374页。林悟殊：《波斯琐罗亚斯德教与中国古代的祆神崇拜》，原载余太山主编《欧亚学刊》第1辑，中华书局，1999年，第202—222页；后收入所撰《中古三夷教辨证》，第316—345页。荣新江：《北朝隋唐胡人聚落的宗教信仰与祆祠的社会功能》，原载荣新江主编《唐代宗教信仰与社会》，第401—402页；此据所撰《中古中国与粟特文明》，三联书店，2014年，第257页。张小贵：《中古华化祆教考述》，文物出版社，2010年，第4页。黎北岚：《鸟形祭司中的这些祭司是什么？》，载罗丰、荣新江主编《粟特人在中国：考古发现与出土文献的新印证》，科学出版社，2016年，第396—413页。
② 山西省考古研究所、太原市考古研究所、太原市晋源区文物旅游局：《太原隋代虞弘墓清理简报》，《文物》2001年第1期，第27—52页；山西省考古研究所、太原市考古研究所、太原市晋源区文物旅游局：《太原隋虞弘墓》，文物出版社，2005年。陕西省考古研究所：《西安北郊北周安伽墓发掘简报》，《考古与文物》2000年第6期，第28—35页；陕西省考古研究所：《西安发现的北周安伽墓》，《文物》2001年第1期，第4—26页；陕西省考古研究所编著：《西安北周安伽墓》，文物出版社，2003年。西安市文物保护考古所：《西安市北周史君石椁墓》，《考古》2004年第7期，第38—49页；西安市文物保护考古所：《西安北周凉州萨保史君墓发掘简报》，《文物》2005年第3期，第4—33页。西安市文物保护考古研究院：《北周史君墓》，文物出版社，2014年。西安市文物保护考古所：《西安北周康业墓发掘简报》，《文物》2008年第6期，第14—35页。本文所用考古资料、图片及编号皆取自（或改自）原考古发掘简报、报告或复原者的相关论著，恕下文不再指出。
③ 如，姜伯勤对安阳北齐石棺床、天水石马坪围屏石榻的讨论，郑岩对青州傅家北齐画像石的辨识，以及葛承雍对西安市博物馆所藏隋安备墓围屏石榻资料的刊布。详姜伯勤：《安阳北齐石棺床画像的图像考察与入华粟特人的祆教美术》，原载《艺术史研究》第1辑，中山大学出版社，1999年，第151—186页；后题作《安阳北齐石棺床画像石与入华粟特人的祆教美术——兼论北齐画风的巨变与粟特画派的关联》，收入所撰《中国祆教艺术史研究》，三联书店，2004年，第33—62页；姜伯勤：《青州傅家北齐画像石祆教图像的象征意义——与粟特壁画的比较研究》，原载《艺术史研究》第5辑，中山大学出版社，2003年，第169—188页；此据所撰《中国祆教艺术史研究》，第63—67页；姜伯勤：《隋天水"酒如绳"祆教画像石图像研究》，所撰《中国祆教艺术史研究》，第155—172页。郑岩：《青州北齐画像石与入华粟特人美术》，原载巫鸿主编《汉唐之间文化艺术的互动与交融》，文物出版社，2001年，第73—112页；后题作《青州傅家北齐画像石与入华祆教美术》，收入所撰《魏晋南北朝壁画墓研究》，文物出版社，2002年，第236—284页；又题作《青州北齐画像石与入华粟特人美术——虞弘墓等考古新发现的启示》，收入所

表1 境内发掘的北朝—隋粟特裔贵族墓葬形制表

墓主	官职	年代	墓葬形制（单位：米）									葬具	随葬品	壁画	备注
^	^	^	总长	建筑质料	墓室尺寸	天井	甬道	墓门	封门	墓道	^	^	^	^
康业	大天主；死后诏赠甘州刺史	亡于大周天和六年（571）六月五日，葬于是年十一月廿九日	破坏严重	单室土洞墓	3.3×3.4 残高1.6		顶残不清	石	一砖一石	斜坡	围屏石榻		√	推测有天井
安伽	同州萨保、大都督	亡于大象元年（579）五月，葬于大象元年十月	35	弧方形单室砖墓	3.64×3.68 高3.3①	5	砖券拱顶	石	两重砖	斜坡	围屏石榻	无	√	
史君	凉州萨保	亡于大象元年，以其二年正月廿三日夫妻合葬②	47.26	单室土洞墓	3.7×3.5 残高0.5	5	拱顶	石	一砖一石	斜坡	石椁石榻	戒指、耳坠、金币、陶灯各1		
虞弘	检校萨宝府、仪同三司、领左帐内等职	开皇十二年（592）十一月十八日葬，开皇十八年夫妻合葬	13.65	弧方形单室砖墓	3.9×3.8 残高1.73		砖	不清		斜坡	石椁	80多件		唐末被盗

撰《逝者的面具——汉唐墓葬艺术研究》，北京大学出版社，2013年，第266—307页。葛承雍：《祆教圣火艺术的新发现——隋代安备墓文物初探》，《美术研究》2009年第3期，第14—18页。葛承雍：《隋安备墓新出石刻图像的粟特艺术》，《艺术史研究》第12辑，中山大学出版社，2010年，第1—13页。

①陕西省考古研究所编著：《西安北周安伽墓》，文物出版社，2003年，第12页。安伽墓室的报道在此前的两篇《简报》中有异，本表据考古报告。

②史君墓发掘简报称"以其（大象）二年岁次庚子正月丁亥朔廿□已日，合葬……"（西安市文物保护考古所：《西安市北周史君石椁墓》，《考古》2004年第7期，第39页），查大象二年正月共有"己丑"（三日）、"己亥"（十三日）、"己酉"（廿三日）三个己日，可知合葬当在"（大象）二年岁次庚子正月丁亥朔廿三己酉日"。

续表

墓主	官职	年代	墓葬形制（单位：米）									葬具	随葬品	壁画	备注
			总长	建筑质料	墓室尺寸	天井	甬道	墓门	封门	墓道				
天水石马坪[1]	萨宝或民酋[2]	[3]		弧方形单室砖墓	4.2×4.2 高3.44				一砖	砖砌	石椁石榻	座部乐伎石俑5件、鸡首瓶、烛台、金钗、铜镜、石枕各1件		

安伽等粟特裔贵族墓葬的一个突出特点是石质葬具和其他石质随葬品的使用。张庆捷依照葬具将这批墓葬分作两大类。第一类，石椁墓，如虞弘、史君。第二类，围屏石榻墓，如安伽、康业等。其中第一类又可分作两型：Ⅰ型为史君墓石椁，特点是制作精细，雕绘有斗拱、人字形拱等建筑构件，椁内另有石榻；Ⅱ型为虞弘墓石椁，特点是制作简单，有专门带双壸门的椁座，起着石榻的作用。第二类又可分作两型：Ⅰ型是屏风式石榻（或称石棺床），如安伽墓、天水石马坪等地出土的石棺床；Ⅱ型是双阙屏风型石榻（有的称石棺床），如安阳、Miho的石棺床屏风[4]。此说可从。

---

[1] 天水市博物馆：《天水市发现隋唐屏风石棺床墓》，《考古》1992年第1期，第46—54页。
[2] 沈睿文：《重读安菩墓》，《故宫博物院院刊》2009年第4期，第34—39页。
[3] 学界多认为该石棺床的年代在北朝晚期至隋代。根据该石棺床背屏浅浮雕的内容可以推断其年代在隋大业年间。详沈睿文：《天水石马坪石棺床墓的若干问题》，载荣新江、罗丰主编《粟特人在中国：考古发现与出土文献的新印证》，科学出版社，2016年，第466—500页。
[4] 张庆捷：《入乡随俗与故土难忘——入华粟特人石葬具概观》，载荣新江、张志清主编《从撒马尔干到长安——粟特人在中国的文化遗迹》，第13—14页；后题为《入华粟特人石葬具图像初探》，收入所撰《民族汇聚与文明互动——北朝社会的考古学观察》，商务印书馆，2010年，第435页。

不可否认，所谓围屏石榻和石椁在安伽等粟特裔贵族墓葬之前已在中土出现，并也见于同时期的北朝墓葬之中①。从墓葬建制的角度来看，围屏石榻的出现与墓室屏风（实物）、墓室屏风式壁画有关。

春秋战国以降，在贵族墓葬中组合摆放床榻、屏风是一个遵守《周礼》的丧葬制度元素②。《周礼·天官·掌次》云：

> 王大旅上帝，则张毡案，设皇邸。
>
> 汉郑玄注："'皇，羽覆上；邸，后版也。'（郑）玄谓后版，屏风与？染羽象凤凰羽色以为之。"
>
> 唐贾公彦疏："'则张毡案'者，案谓床也。床上著毡即谓之毡案。'设皇邸'者，邸谓以版为屏风，又以凤皇羽饰之，此谓王坐所置也。③"

《周礼》关于"设皇邸"的记述，说明至迟在西周初年就有案（床榻）、屏风组合的使用，屏风、石榻（床）组合在墓葬中的出现确源于《周礼》制度。

文献记载也表明石床、屏风的配置在墓葬中的随葬。如《西京杂记》卷六"魏襄王冢"条载：

> 魏襄王冢，皆以文石为椁，高八尺许，广狭容四十人。以手扪椁，滑液如新。中有石床、石屏风，婉然周正。不见棺柩明器踪迹，但床上有玉唾壶一枚、铜剑二枚。金玉杂具，皆如新物，王取服之④。

---

① 相关研究可参：李永平、周银霞：《围屏石榻的源流和北魏墓葬中的祆教习俗》，《考古与文物》2005年第5期，第72—77页；山本忠善：《围屏石床の研究》，《中国考古学》2006年第6号，第45—67页；等等。
② 沈睿文：《中国古代物质文化史·隋唐五代》，开明出版社，2015年，第208页。
③ 《周礼注疏》卷六，北京大学出版社，1999年，第149页。
④ 刘歆撰，葛洪集：《西京杂记》卷六"魏襄王冢"，向新阳、刘克任：《西京杂记校注》，上海古籍出版社，1991年，第258页。

又同书卷六"魏王子且渠冢"载：

> 魏王子且渠冢，甚浅狭，无棺枢，但有石床，广六尺，长一丈，石屏风，床下悉是云母。床上两尸，一男一女，皆年二十许，俱东首，裸卧无衣衾，肌肤颜色如生人，鬓发齿爪亦如生人。王畏惧之，不敢侵近，还拥闭如旧焉[1]。

目前考古所见最早屏风实物有湖北望山战国楚墓1例[2]、湖北江陵天星观1号战国楚墓5例[3]。汉唐时期，在墓室中绘制模仿屏风的壁画或摆放屏风实物的做法一直得到传承，唯其间的内容及表现形式有异。

墓室北壁正中绘墓主夫妇在帷帐[4]中坐于床榻之上宴饮，后面衬以联扇屏风。其两侧为鞍马出行仪仗和犊车出行仪仗。这种现实性图像布局方式在东魏北齐的邺城、并州、青州一带的皇室、高官、贵族壁画墓中已成为一种流行的模式[5]。但该模式并不见于山东临朐天保二年（551）崔芬墓[6]以及济南东八里洼北朝壁画墓[7]，可见二者的设计理念有异。

---

[1] 刘歆撰，葛洪集：《西京杂记》卷六"魏王子且渠冢"，《西京杂记校注》，第261页。
[2] 湖北省文物局文物工作队：《湖北江陵三座楚墓出土大批重要文物》，《文物》1966年第5期，第37页。
[3] 湖北省荆州地区博物馆：《江陵天星观1号战国楚墓》，《考古学报》1982年第1期，第101页。
[4] 小帐一般置于室内，帐下有床，床后部有屏，床上或有几、枕，供主人凭倚而坐。帐是一种高级设置，一般只供王公贵族使用，有时还有等级制的规定。详萧默：《敦煌建筑研究》，机械工业出版社，2003年，第311—315页。
[5] 李星明：《唐代墓室壁画研究》，陕西人民美术出版社，2005年，第24页。根据《周礼·天官·掌次》"设皇邸"贾公彦疏，结合汉墓画像及壁画题记，可推知墓室北壁坐于有背屏之床上者应为墓主人画像。
[6] 山东省文物考古研究所、临朐县博物馆：《山东临朐北齐崔芬墓壁画》，《文物》2002年第4期，第4—26页；临朐县博物馆：《北齐崔芬壁画墓》，文物出版社，2002年。
[7] 山东省文物考古研究所：《济南市东八里洼北朝壁画墓》，《文物》1989年第4期，第67—68页。

至于北周政权虽然"托古改制",但从所见粟特裔墓葬中围屏石榻的内容及构图来看,实是与北齐地区墓葬壁画大同。即把后者墓室北壁正中墓主画像所在的座床(榻)与背屏直接以石质葬具的形式置于墓室之中,同时,在葬具的背屏上又同样表现出墓主"宴乐(夜宴)+出行"的图像,其上或也可见墓主坐于衬以联扇屏风的床榻之上。可见,北朝东、西政权的丧葬图像实同且源于北魏。到了有唐一代,因为石榻的载体被政府禁止,使得棺床甚或只是棺柩成为墓主所在的象征,从而使得屏风在墓室中的位置也随之发生相应的变化[①]。

但是,在不同场景,同一事物可产生不同指代;同样地,不同事物亦可产生相同指代。故而需要将事物置于具体情境中综合考虑。为何这些唐代中国以前的粟特裔贵族墓葬都不约而同地使用这两种葬具,其中是否同样存在着某种与墓主人身份及其种族文化相契合的因素?

根据《隋书》卷八三《西域传》的记载,张广达总结道:安国国王坐金驼座,鏺汗国王坐金羊床,何国王、乌那曷王坐金羊座;波斯王着金花冠,坐金狮子座;漕国王戴金鱼头冠,坐金马座。他说,从萨珊王朝银器纹饰、粟特壁画和阿拉伯文献记载来看,所谓金驼座、金狮子座、金马座、金羊座,等等,当指承托床面的床脚分别作这些兽形。中亚西亚的显贵除了冠冕之外,普遍以床座体现其身份,王公的座床即是王座。而文献所载"营州杂胡"安禄山所坐之"重床"和"反手"所据之"床"应当就是中亚西亚的王公显贵所坐的 g's/gāh/ 座/王座。安伽墓出土的石榻当是与安伽身份相应的"重床"[②]。此言不诬。

对于墓葬中安置重床的作用,张先生又检出伊朗中世纪典籍《居何

[①] 沈睿文:《中国古代物质文化史·隋唐五代》,第208页。
[②] 张广达:《再读晚唐苏谅妻马氏双语墓志》,原载《国学研究》第10卷,北京大学出版社,2002年,第18—19页;此据所撰《张广达文集·文本、图像与文化流传》,广西师范大学出版社,2008年,第268—269页。

多之子库萨和训谕》。该《训谕》载库萨和在即将辞世的时候训令王公大臣：

  当我的灵魂离开我的身体的时候，你们要抬起我的这个王座，把它搬到〔我的〕安息之地（haspānwar），并且放入〔我的〕安息之地①。

库萨和遗言将王座纳入陵寝，则安伽等粟特裔贵族墓葬中重床之意义由此发覆而得揭橥，粟特裔贵族墓葬采用的围屏石榻实是根据墓主人的种族文化而调适的一种变形。

图1 史君墓石堂粟特文、汉文题记

  如同安伽这批粟特裔贵族墓葬中的围屏石榻宜称作"重床"一样，史君墓所出双语墓志则给我们点明其石葬具的名称并非"石椁"，而应即该墓汉文题记所言之"石堂"（图1）。史君（wyrk'k）墓志粟特文部分第29行 snkyn'k βykt'k 中文为"石头做的坟墓（众神的屋子）"②，"石头做的坟墓"应该便是其汉文题记所言之"石堂"，亦即文献所载之"石坟"③。其意表明这些石材所构造的石质空间是众神的屋子。而

---

① 张广达：《再读晚唐苏谅妻马氏双语墓志》，第268—269页。
② 吉田丰：《西安新出土史君墓志的粟特文部分考释》，载《法国汉学》第十辑"粟特人在中国——历史、考古、语言的新探索"专号，中华书局，2005年，第38页。
③《旧唐书·安金藏传》载，长母后，"（安金藏）寓葬于（神）都南阙口之北，庐于墓侧，躬造石坟、石塔，昼夜不息"。《旧唐书》卷一八七上，中华书局，1975年，第4885—4886页。

此层寓意应该便是境内粟特裔或胡化墓葬使用石材等石质随葬品的根本原因。从这个意义来说，石室墓更是属于石坟之列。但是因等级制度的限制，他们只能为此变通之道——使用重床或石堂。显然，在如此神性空间包围之中，其中墓主人的种族文化指向便不言自明了。

葬以石椁实也是汉地丧葬传统之一。如，《左传正义》"成公二年八月"载："宋文公卒，始厚葬。用蜃炭，益车马，始用殉，重器备，椁有四阿，棺有翰、桧。①"其中所谓"椁有四阿"即是所谓房形椁。又如前引《西京杂记》卷六"魏襄王冢"条所载："魏襄王冢，皆以文石为椁，高八尺许，广狭容四十人。以手扪椁，滑液如新。中有石床、石屏风，婉然周正。"考古发现也证明，战国时期北方的部分诸侯王和王室墓葬已使用石椁，并渐成习俗延续至汉代②。如，河北邯郸赵王陵中规模最大的周窑一号墓，其椁外层为石，内层为木③；河北平山县战国中山王譽墓用石块叠砌成厚1.5—1.8米的椁室，而六号墓的石椁则厚至3米左右④。

2011年，郭桂豪根据当时刊布的信息统计北朝时期有石床或构件五十套，石椁十具⑤，大体上线刻画像的石床长200—230厘米，浮雕画像的石床长230—250厘米。此后新刊的石床有东魏武定元年（543）翟育（门生）石床⑥一座，新刊的石椁有北魏太安三年（457）阳高县王官

---

① 杨伯峻：《春秋左传注》，中华书局，1983年，第801—802页。
② 郭桂豪：《北周李诞墓石棺图像的考古学研究》，第三章《北朝石质葬具的发现》，北京大学硕士学位论文，2011年。
③ 河北省文管处、邯郸地区文保所、邯郸市文保所：《河北邯郸赵王陵》，《考古》1982年第6期，第597—605、564页。
④ 河北省文物研究所编：《譽墓——战国中山国国王之墓》，文物出版社，1996年，第30页；河北省文物管理处：《河北省平山县战国时期中山国墓葬发掘简报》，《文物》1979年第1期，第1—31页。
⑤ 郭桂豪 同上揭文。该统计数据扣去了郭文计算在内的山东青州傅家画像石墓，读者可以参看。
⑥ 赵超：《介绍胡客翟育墓门志铭及石屏风》，载荣新江、罗丰主编《粟特人在中国：考古发现与出土文献的新印证》，科学出版社，2016年，第673—684页。

屯出土石堂、北魏文成帝太安四年（458）解兴石堂、北魏文成帝和平元年（460）张智朗石堂[①]以及国家博物馆藏北朝石堂等四座。此外，尚有山东青州傅家北齐武平四年（573）石室墓[②]。这些石葬具的拥有者既有帝王贵族，又有品级较低的官员；既有汉人，又有鲜卑人和入华侨民。其中大部分使用者都曾受过鲜卑文化和西域文化的影响。因此，应可将石葬具的使用跟胡裔文化的特殊选择联系起来。

进而言之，北朝墓葬所见石质葬具应该是鲜卑墓葬中的石室传统与汉地石葬具传统相结合的产物，为源自《周礼》之制，而石室墓、石质葬具及随葬品因与胡人的种族文化相契，便也渐沉淀为日后部分中古中国胡裔墓葬的重要特点。它们是在中古中国传统丧葬中符合粟特祆教徒种族文化的葬具，可分别称之为石重床和石堂（坟）。

以石重床和石堂下葬于墓穴之中成为唐代以前中国粟特裔贵族的主要埋葬形式。安伽等粟特裔祆教徒石葬具上皆浅浮雕或阴线刻有图像，我们可以结合这些图像内容对中古中国的祆教略作补充。从已有的粟特裔丧葬图像来看，基本可以归为祆教神祇和葬仪两大方面。

目前，已经甄辨出来的祆教神祇有：

1. 阿胡拉·玛兹达及其六从神阿梅沙·斯朋塔（Amesha Spentas），此见于史君石堂W1屏上部（图2）。该屏表现墓主史君夫妇亡魂在天堂"伽罗·恩玛纳"（Galor-nemana）礼拜供奉以阿胡拉·玛兹达为首（图2之A1）的七善灵阿梅沙·斯朋塔，而阿胡拉·马兹达

[①] 张庆捷：《北魏石堂棺床与附属壁画文字——以新发现解兴石堂为例探讨葬俗文化的变迁》，载《两个世界的徘徊：中古时期丧葬观念风俗与礼仪制度学术研讨会论文集》，科学出版社，2016年。
[②] 夏名采：《益都北齐石室墓线刻画像》，《文物》1985年第10期，第49—54页；夏名采：《青州傅家北齐线刻画像补遗》，《文物》2001年第5期，第92—93页。此前学者认为这批石屏为围屏石榻之背屏，恐宜为石室墓之四壁。相关辨析详悉沈睿文：《青州傅家画像石的图像组合》，载余太山、李锦绣主编《欧亚学刊》（国际版）第13辑，中华书局，2015年，第71—83页。

则对异教僧俗进行规训①。反复表现对异教徒的规训，这是史君石堂图像的一个典型特点，意在以此体现琐罗亚斯德教的伟大和墓主的正信与坚定②。琐罗亚斯德教教义规定唯有正信者才得以接近阿胡拉·玛兹达所居的天堂，史君石堂图像的这种特殊性与此有关。更为重要的是，由此表明阿胡拉·玛兹达及其六从神阿梅沙·斯朋塔仍是中古中国祆教徒崇拜的核心。毫无疑问，这一点是跟波斯琐罗亚斯德教一脉相承的。

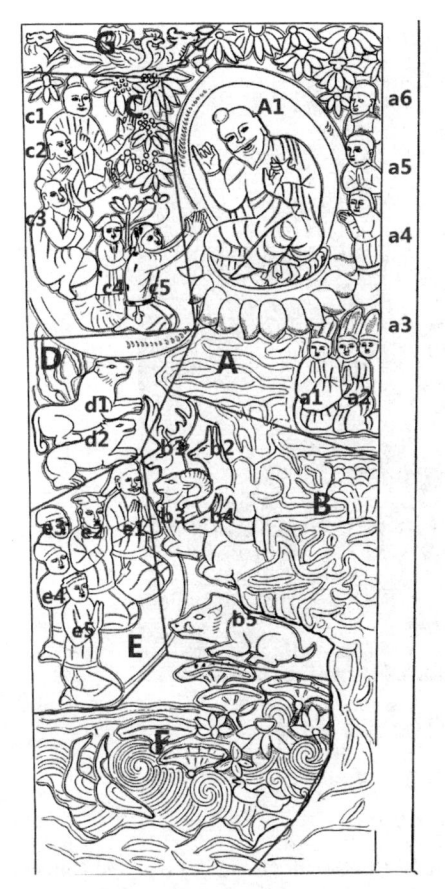

图 2 史君石堂 W1（A 区为七善灵）

---

① 沈睿文:《北周史君石堂 W1、N5 的图像内容》，《陕西历史博物馆馆刊》第 22 辑，三秦出版社，2015 年，第 11—19 页。
② 同上文，第 27—28 页。

2. 娜娜女神。如，Miho 石垂床 J 右侧上部骑坐双狮、手持日月的女神为娜娜（图3）③，该屏为酬神图④，表现对娜娜女神的祭献。根据苏美尔神话故事，娜娜曾经下到地府，但死而复生，返回人间。她的雕像以及与她有关的象征符号（如玫瑰或圆形花饰、八角星、头巾、狮子、红玉髓等）也常会在死者的墓中出现，以护佑死者在冥界过上好的生活⑤。

图 3 美秀美术馆藏石棺床 J 屏

---

③ A. L. Juliano and J. A. Lerner, "Cultural Crossroads: Central Asian and Chinese Entertainers on the Miho Funerary Couch", *Orientations*, Oct. 1997, pp.72-78.
④ 荣新江称该屏内容为"乐舞娱神"。详荣新江：《Miho 美术馆粟特石棺屏风的图像及其组合》，原载《艺术史研究》第 4 辑，中山大学出版社，2002 年；此据所撰《中古中国与粟特文明》，第 350 页。
⑤ 杨巨平：《娜娜女神的传播与演变》，《世界历史》2010 年第 5 期，第 104 页。

3. 风神（Weshpakar）。如，史君石堂 E1（图 4）上部多臂神[①]、吉美博物馆所藏石重床第 2 石（图 5）上部神祇。

图 4　史君石堂 E1 屏　　　　图 5　吉美石重床第 2 石

[①] 荣新江：《佛像还是祆神？——从于阗看丝路宗教的混同形态》，《九州学林》第 1 卷第 2 期，2003 年冬季，第 103—110 页。F. Grenet, P. Riboud et Yang Junkai, "Zoraoastrian Scenes on a Newly Discovered Sogdian Tomb in Xi'an Northern China", *Studia Iranica*, 33.2, 2004, pp.282-283. 杨军凯：《西安北周史君墓石椁图像初探》，载《法国汉学》第十辑"粟特人在中国——历史、考古、语言的新探索"专号，第 12 页；姜伯勤：《入华粟特人萨宝府身份体制与画像石纪念性艺术》，载《法国汉学》第十辑"粟特人在中国——历史、考古、语言的新探索"专号，第 45 页。

史君石堂 E1 上部背光圆环内的男神为琐罗亚斯德教的风神（Weshparkar），肩生双翼的女神应该是 Daēnā 女神，至于其身后的两位女子，则是 Daēnā 的女侍，她们负责看管属于 Daēnā 的两样东西：杯子和花①。该场景图绘表现的是善士的灵魂于死后第四日拂晓在薰风中走近"筛选之桥"（Činwad，钦瓦特桥，即"裁判之桥"）。吉美博物馆所藏石重床第 2 石的内容实为史君石堂 E1—2 的浓缩，其上部神祇亦为风神②，只是形式有所变化。

4. 战神韦雷斯拉格纳（Verethraghna, Warahrān/Bahrām）。如，虞弘石堂椁壁浮雕第 3 幅（图 6）、史君石堂 W1 中的野猪（图 2 之 b5）。

《阿维斯陀》（Avesta）中的 Yast XIV Bahrâm Yast，叙述了祆教战神韦雷斯拉格纳 Verethraghna（Warahrān/Bahrām）的十种化身，分别是：一阵猛烈的狂风（Wind, §2）、一头长有金角的牡牛（Bull, §7）、一匹长有金耳和金蹄的白马（Horse,

图 6 虞弘石堂椁壁浮雕第 3 幅

---

① 荣新江：《佛像还是祆神？——从于阗看丝路宗教的混同形态》，《九州学林》第 1 卷第 2 期，2003 年冬季，第 103—110 页。F. Grenet, P. Riboud et Yang Junkai, "Zoraoastrian Scenes on a Newly Discovered Sogdian Tomb in Xi'an Northern China," *Studia Iranica*, 33.2, 2004, pp.282-283. 杨军凯：《西安北周史君墓石椁图像初探》，载《法国汉学》第十辑"粟特人在中国——历史、考古、语言的新探索"专号，第 12 页；姜伯勤：《入华粟特人萨宝府身份体制与画像石纪念性艺术》，载《法国汉学》第十辑"粟特人在中国——历史、考古、语言的新探索"专号，第 45 页。
② 沈睿文：《吉美博物馆所藏石重床的几点思考》，载张小贵主编《三夷教研究——林悟殊先生古稀纪念论文集》，兰州大学出版社，2014 年，第 426—483 页。

§9)、一匹发情的骆驼（Camel，§11）、一头公野猪（Boar，§15）、一个十五岁的青春少年（Youth，§17）、隼雀（Vareghna/Hawk，§19）、一只弯角的公绵羊（Ram，§23）、一只尖角的牡鹿（Buck，§25）和一个武装的战士（Man，§27）[1]。

虞弘石堂椁壁浮雕第3幅中有一头光的神祇骑在骆驼上回首张弓猎狮，该神祇即为战神韦雷斯拉格纳[2]。韦雷斯拉格纳被视为胜利之神，又被称为"阿胡拉所造者""阿胡拉所赐者"。他不同于大多数古代印度—伊朗之神，在史君石堂W1屏中以生有獠牙的牡野猪为形，置身于阿胡拉之前，随时准备扑向背信弃义者[3]。

5. 妲厄娜。如，史君石堂E1上部肩生双翼的女神（图4）、安伽石重床东侧屏第1屏桥前右手上举的小孩（图7）。

图7 安伽石榻右侧第3屏妲厄娜审判安伽夫妇图

---

[1] *The Zend-Avesta*, Part II, in *Sacred Books of the East*, vol.23, Translated by James Darmesteter, The Oxford University Press, 1882, pp.231-238. 其中隼雀（Vareghna），原文作"Raven"（p.236），即"渡鸦、大乌鸦"。Mary Boyce 则译作"hawk"，即隼雀。详 Mary Boyce, *Textual Sources for the Studies of Zoroastrianism*, Edited and Translated by Mary Boyce, The University of Chicago Press, 1999, p.30. 王小甫曾专文梳理辨正，详所撰《拜火教与突厥兴衰——以古代突厥斗战神研究为中心》，《历史研究》2007年第1期，第24—40页；后收入所撰《中国中古的族群凝聚》，中华书局，2012年，第16—19页。本文据改。
[2] 姜伯勤：《中国祆教艺术史研究》，第150页。
[3] 魏庆征编：《古代伊朗神话》，北岳文艺出版社、山西人民出版社，1999年，第299页。

6. 豪麻神。如，虞弘石堂椁壁浮雕第9幅中骑马之神祇[1]（图8）。

7. 斯劳沙（Sraosha）的圣禽，在汉文献中被称为"金鸡"。如，翟曹明墓石门楣线刻的公鸡（图9）、史君石堂E1中下部钦瓦特桥上骆驼"背驮"的两只鸡（图4）。

在琐罗亚斯德教中，公鸡为斯劳沙的圣禽[2]。斯劳沙不仅是阿胡拉·玛兹达的使者，而且是恶魔的惩治者（fiend-smiter），是世界的化身、最有力的矛以及高贵的神[3]。斯劳沙为古伊朗神话中宗教虔诚和秩序之精灵，

图8 虞弘石堂椁壁浮雕第9幅线图

其中古波斯称之为"斯罗什"。斯劳沙取代一较为古老之神（似为埃里雅曼或密特拉）。斯劳沙确信查拉图什特拉之说正确无讹，遂向其祝福[4]。在中古波斯文文献中，Sraoša 写成 Srōš。其最突出的功能是"现实世界之主与保护者"[5]。另外，斯劳沙在护卫、辅佐墓主人灵魂方面也起着重要的作用。

图9 统万城翟曹明墓石门楣

---

[1] 姜伯勤：《中国祆教艺术史研究》，第149页。
[2] 魏庆征编：《古代伊朗神话》，第374—375页。
[3] 关于斯劳沙的记载可参：The Zend-Avesta, Part Ⅱ, in Sacred Books of the East, vol.23, pp.159-167; The Zend-Avesta, Part Ⅲ, in Sacred Books of the East, vol.31, Translated by L. H. Mills, The Oxford University Press, 1887, pp.305-306.
[4] 魏庆征编：《古代伊朗神话》，第374—375页。
[5] 张小贵：《中古祆教半人半鸟形象考源》，《世界历史》2006年第1期，第137页。

翟曹明墓石门楣线刻斯劳沙的圣禽公鸡在琐罗亚斯德教中代表着战斗力以及对宗教的忠诚，跟墓主"天主"的身份以及墓志文称其"慕义从军，诛除乱逆。巨猾摧峰，六军振振"——突出其从军经历恰可吻合。而吉美博物馆所藏石重床背屏6的图像（图10）恰是"设一大金鸡帐，前置一榻，坐之"的写照。这显然是中亚粟特显贵的习俗。

图 10-2 吉美石重床第六石金鸡帐局部

图 10-1 吉美石重床第六石

在史君石堂 E1 中下部，骆驼"背驮"的两只鸡，应该也是斯劳沙的圣禽。《斯劳沙·亚什特》第七章称赞斯劳沙"总是醒着，从不入眠"，夜间负责保护玛兹达的创造物，以免遭受妖魔鬼怪的侵害。斯劳沙是亡灵的引导者，故在葬礼开始时必须吟诵；还在每日五个时辰吟咏，以祈求斯劳沙的神佑[①]。斯劳沙接引死者之灵到彼世。《亚斯纳》第五十六章（即《斯劳沙·亚什特·哈多赫特》）把斯劳沙称作人死后头三天亡灵的庇护神和第四天清晨亡灵的引路者，在帕拉维语文献《阿尔塔伊·维拉夫》中，当这位虔诚的祭司饮下掺有印度大麻酚浸液的酒后，昏昏然灵魂出窍之际，便是在斯劳沙和火神阿扎尔的引导下游历地狱和天国的[②]。

此外，尚可见冥河渡神卡戎（Charon，亦译作"卡隆"）以及与酒神狄俄尼索斯（Dionysus）有关的仪式[③]。这是源于希腊罗马的丧葬仪式，前者见于天水石马坪石棺床第10屏（图11）；后者如，虞弘椁壁浮雕第二幅（图12）与天水石马坪石棺床第9屏表现制作葡萄酒的槽酿图（图13、14）[④]以及与教会野餐（丧宴，Totenmahl）类似的夜宴图（图15）。

图11 天水石马坪石棺床第10屏

[①] 元文琪：《〈阿维斯塔〉导读》，载〔伊朗〕贾利尔·杜斯特哈赫选编，元文琪译《阿维斯塔——琐罗亚斯德教圣书》，商务印书馆，2005年，第370页。
[②] 元文琪：《〈阿维斯塔〉导读》，载《阿维斯塔——琐罗亚斯德教圣书》，第445页。
[③] 沈睿文：《天水石马坪石棺床所见希腊神祇》，载荣新江、朱玉麒主编《西域考古·史地·语言研究新视野——黄文弼与中瑞西北科学考察团国际学术研讨会论文集》，科学出版社，2014年，第497—511页。
[④] 马尔萨克指出此二幅图像与罗马Santa Costanza拱顶公元4世纪的马赛克图案相似。详B. I. Marshak, "The Sarcophagus of Sabao Yu Hong, a Head of the Foreign Merchants (592-98)," *Orientations* 35/7, October 2004, pp. 57-65. 中译文见李润渊译：《胡商首领萨保虞弘石椁研究》，敦煌研究院《信息与参考》2005年（总第6期），第162—165页。

图 12　虞弘椁壁浮雕第二幅摹本线图 　　图 13　天水石马坪第 9 屏榨酿图

图 14　Santa Costanza 拱顶马赛克榨酿图局部 　　图 15　史君石堂 N4 夜宴图

第十讲：夷俗并从：北朝隋唐粟特的祆教信仰与丧葬

安伽等粟特裔墓葬的丧葬图像和随葬品中，乐伎的题材比重较大。从文献和人类学调查资料来看，鼓舞祭祀是琐罗亚斯德教徒举行祭祀仪式时不可或缺的一个环节，另外，琐罗亚斯德教的天国伽尔扎曼（garōnmāna）①本义就是"歌声的殿堂"（the house of welcoming song），因为曼妙的音乐是灵魂欢愉之源②。《伽萨》（Yasna L.4）载："神主玛兹达和头三位大天神啊！此时此刻我引吭高歌把你们赞颂，但愿正教徒所梦寐以求的（女仙），在通往伽尔扎曼（天国）的路上飘然出现。③"故而天宫伎乐形象是判断图像内容是否为天国的首要因素。换言之，带翼女仙，只有在"中界"中才出现。加上希腊化对中亚文化的影响，酒神狄俄尼索斯（巴克斯）崇拜在中亚祆教丧葬仪式上的出现，这两个原因又使得这批墓葬的葬具图像及随葬品益发呈现出欢快的气氛。

　　关于琐罗亚斯德教葬仪最为典型的便是钦瓦特桥和犬视（sag-dīd）了。

　　琐罗亚斯德教教义认为死者灵魂坐于躯体之一端共历三天三夜。第四日凌晨，灵魂抵达森严可怖的"裁判之桥"。家人在三日内须竭力哀悼，祭司人员须念诵经文以给死者最大的襄助；继而，则是血祭和对火的礼拜。第三日夜晚，为亡者奉献肉食和衣物，以确保死者之灵魂翌日晨安然踏上赴冥世的途程④。当有德的死者的灵魂来到"筛选之桥"前，得到手举杯钵的妲厄娜，也就是他的"信仰"化身、体现他的生前行为的"内在自我"的迎接，携犬在身侧的美丽的妲厄娜所持的杯钵中满盛

---

① Ph. Gignoux, "L'enfer et le paradis d'après les sources pehlevis," *Journal Asiatique*, 256, 1968, pp.219-245.
② Guitty. Azarpay, "The Allegory of Dēn in Persian Art," *Artibus Asiae*, Vol.38, no.1, 1976, p.47. 沈睿文：《吉美博物馆所藏石重床的几点思考》，载张小贵主编《三夷教研究——林悟殊先生古稀纪念论文集》，第453页。
③ *The Zend-Avesta*, Part Ⅲ, in *Sacred Books of the East*, vol.31, p.172. 本文译文据《阿维斯陀——琐罗亚斯德教圣书》，第431—432页。
④ 魏庆征编：《古代伊朗神话》，第328页。

Zaremaya月份酿制的乳酪。此后，善士的灵魂则走过宽阔的"筛选之桥"而走进"中界"（天堂）。至于看不到善教的盲人（Kavi），听不见善教声音的聋子（Karapan），宗奉魔鬼妲厄娲（Daēvā），依势弄权竭力破坏人类生存的恶人，则到了自食其果的报应时刻，在"筛选之桥"前战栗地承受他们自己的"信仰"的化身——妲厄娲的盛怒。他们走不过窄如薤叶的"筛选之桥"，将沉沦于Druj（恶魔）的世界——北方（地狱），在那里吃的是毒物，受的是恶魔的折磨，转侧呻吟，永无解脱之日[①]。在史君石堂E2中，自空中往下坠落的人应该表现的是"恶人"坠入地狱，首先等待他们的是"筛选之桥"下水中张口以待的两只水兽。

同时，琐罗亚斯德教教义还认为，人死后，死尸附有一种致命的尸魔（Druj Nasūsh），它以苍蝇的形式出现，需用狗来驱除这种尸魔。根据《文迪达德》（Vidēvdād, Vendidād）第八章第三节的说法，选择生有四只眼睛的黄狗或有黄耳朵的白狗，长有四只眼睛的狗自是绝无仅有；但照现代帕尔西人的说法，所谓四眼狗，是指那些双眼上边各有一个斑点的狗。把符合上述要求的犬带到死者旁边，就可以使尸魔飞离死尸[②]。这就是所谓的犬视仪式。

琐罗亚斯德教死者出葬前，要进行多次的犬视仪式。在为死者穿寿衣时，便进行犬视；以后每隔一段时间，便犬视一次，直到遗体搬离尸房。在第一次犬视后，房里就要点火去毒，用檀香木和乳香燃烧。然后，一位僧侣坐在火前念经，并照看火永燃，直到死尸送往墓地。他人也可在停尸房里诵经，但均应距死尸至少三步，以免受魔毒（尸魔）危

[①] 张广达：《唐代祆教图像再考——P.4518（24）的图像是否祆教神祇妲厄娜（Daēnā）和妲厄娲（Daēvā）》，原载荣新江主编《唐研究》第3卷，北京大学出版社，1997年；此据所撰《张广达文集·文本、图像与文化流传》，第281—282页。
[②] 林悟殊：《波斯拜火教与古代中国》，台北：新文丰出版公司，1995年，第93页。另，可参张广达：《唐代祆教图像再考——P.4518（24）的图像是否祆教神祇妲厄娜（Daēnā）和妲厄娲（Daēvā）》，所撰《张广达文集·文本、图像与文化流传》，第279页。林文称Druj Nasūsh为尸毒，今改从张文。

害①。

在出葬前一小时，要把铁棺抬进停尸房。抬棺者进入房间后，即把棺材置于死尸旁边，口诵经文咒语，特别是念诵《伽萨》（Gāthā），旨在激励生者，忍痛节哀，与病魔做斗争。经文念毕，把死尸抬进铁棺。然后，由一对僧侣面向铁棺，继续诵《伽萨》。《伽萨》诵毕，又照例进行一次犬视，再让死者亲友最后一次瞻仰仪容，便可盖棺出殡。铁棺扛出房间后，即交由另一组抬棺者，送往墓地。死尸一旦搬出房门，房内即用牛尿消毒，再用水冲洗。送葬队伍跟在铁棺后面，但距离至少三十步。送葬者着白色丧服，两人一排，同携"拍汪"（Paiwand）；由僧侣领头，默默步向墓地安息塔②。

在这批石葬具中，对钦瓦特桥最为典型的描绘便是史君石堂 E1—E2 石屏下部（图 16），而犬视的表现则更为普遍。日本 Miho 博物馆所藏石重床后屏 F 石（图 17）③上部、山东青州傅家画像石第九石（图 18）以及敦煌白画 P.4518（24）左侧女神手持托盘蹲踞之犬（图 19）表现的便是犬视仪式。其中前二者应该分别表现守灵、出殡中的犬视。虞弘石椁椁壁浮雕第 7 幅（图 20）、第 8 幅（图 21）出现墓主、犬视的狗以及供养的食品、饮品（如酒）等元素，很可能表示对即将赴钦瓦特桥的亡灵的供奉。

图 16 史君石堂 E1—E2 石屏下部

---

① 林悟殊：《波斯拜火教与古代中国》，第 100—101 页。
② 同上书，第 101—102 页。
③ *Miho Museum(South Wing)*, edited by Miho Museum, Nissha Printing Co. Ltd, 1997, p.249, p.252fig.

图 17　日本 Miho 博物馆所藏石重床后屏 F 石

图 18　山东青州傅家画像石第九石

第十讲：夷俗并从：北朝隋唐粟特的祆教信仰与丧葬

图 19　敦煌白画 P.4518（24）祆神图

世界遗产视野下的「一带一路」

图20 虞弘石椁椁壁浮雕第7幅 　　图21 虞弘石椁椁壁浮雕第8幅

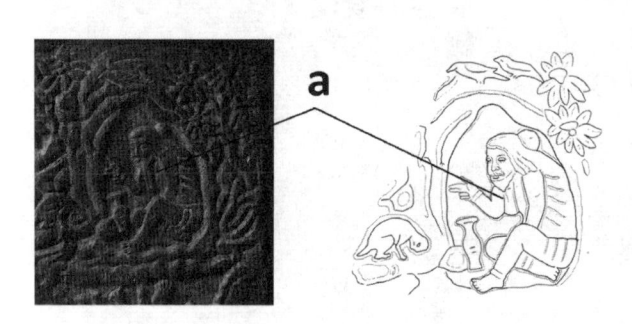

图22 史君石堂N5上部（a为塞德拉领部收集善行的小袋）

图23 吉美博物馆所藏石重床第8屏

196

到了唐代景龙年间，甚至在定远将军安菩夫妇的合葬中还可见采用犬鹿相狎以及"原上旧无水，忽有涌泉自出"的葬仪①。这其中不仅可见犬视，而且还出现了对祆教战神韦雷斯拉格纳（鹿）以及女神阿尔德维·苏拉·阿娜希塔（Ardvi Sura Anâhita）的祭祀。

在史君石堂图像中还出现墓主身着圣衫塞德拉（Sudreh，Sedra）、腰系圣带科什蒂（Kusti，Koshitī）在圣山朝圣的图像（N5 上部）（图 22）②，这是目前可以确定的圣衫的图像，更为重要的是它表明中古中国粟特裔祆教徒仍保留着圣山朝圣的宗教行为。显然，这无疑又进一步拓宽了我们对中古中国粟特裔祆教徒宗教行为及活动范围的认识。

吉美博物馆所藏石重床的第 8 屏（图 23）则描绘了中古中国粟特裔祆教徒的创世观③，从中我们可以了解到他们关于创世的认识，同样仍然保留着来自伊朗的创世说。

实际上，此上是中古中国的粟特裔祆教徒把波斯萨珊朝琐罗亚斯德教的教义图像化。不过，在这过程中显然糅进了中亚、内亚的宗教因素。如，上述教会野餐、致幻仪式很可能便是在中亚地区融进去的。中亚地区在希腊化时代，希腊罗马宗教中的元素被带进琐罗亚斯德教信仰的仪式之中。当然，也跟内亚萨满的致幻表演有关。从考古材料来看，中亚纳骨瓮的葬仪已在新疆焉耆七格星④等地发现，而在中亚地区祆教徒以崖墓放置骨殖（骸）的方式在中古中国境内也可见，如宁夏盐池窨子梁墓地⑤。这都是中古中国祆教丧葬受到中亚祆教徒葬仪影响的证据。

---

① 沈睿文：《重读安菩墓》，《故宫博物院院刊》2009 年第 4 期，第 34—39 页。
② 沈睿文：《北周史君石堂 W1、N5 的图像内容》，《陕西历史博物馆馆刊》第 22 辑，2015 年，第 19—23 页。
③ 沈睿文：《吉美博物馆所藏石重床的几点思考》，载张小贵主编《三夷教研究——林悟殊先生古稀纪念论文集》，第 426—483 页。
④ 影山悦子：《東トルキスタン出土のオッスアリ（ゾロアスター教徒の納骨器）について》，《オリエント》40（1），1997 年，第 84 页。
⑤ 沈睿文：《安禄山服散考》，上海古籍出版社，2015 年，第 300—302 页。

当然，在这批石葬具图像，也可以见到中古中国粟特裔祆教徒的信仰世界中糅进了内亚社会的丧葬习俗。最为典型的便是"殡马"在此类葬具图像中的一再出现（图24）。殡马的出现不仅是中亚丧葬仪式的真实反映，实也是内亚游牧社会丧葬的写照[1]。殡马在石葬具图像系列中的设计可谓巧妙，此恰可比拟于中古中国丧葬制度中的诞马。"殡马（诞马）"图像在这批石葬具图像中的出现，也进一步证明西亚琐罗亚斯德教的葬仪传播至中亚、内亚时，已不可避免地受到后者的渗透。

图 24-1 Miho 美术馆藏石棺床 B 石　　图 24-2 吉美博物馆藏石重床第 1 石

---

[1] 沈睿文：《内亚游牧社会丧葬中的马》，载魏坚主编《北方民族考古》第2辑，科学出版社，2015年，第251—265页。

图 24-3 虞弘石椁椁壁浮雕之一　　图 24-4 青州傅家第四石"出行图之一"

　　中古中国粟特裔祆教徒葬具图像还明示，这些信奉祆教的粟特裔女性在妲厄娜（Daēnā）审判后，与牲畜一起同样可通过钦瓦特桥进入中界（天堂）（图25），这是琐罗亚斯德教传统教义所没有的。这应该也是琐罗亚斯德教进入中亚地区以后的另一个重大变化。此外，割耳劙面（图17）在丧葬中的出现也是琐罗亚斯德教丧葬仪内亚化的一个内容。同样是琐罗亚斯德教丧葬仪内亚化的一个表现是灵帐祭祀的仪式，此可见于 Miho 美术馆石棺床 G 屏（图26）。

图 25　史君石堂 E1—E3　　　图 26　Miho 美术馆石棺床 G 屏

　　现在，我们可以确定的是，中古中国墓葬中祆教图像所见的一些"新现象"同样传承有自。最为典型的便是，这批石葬具丧葬图像中的"武士（两侧）+ 祭司火坛（中间）+ 伎乐（上部）"构图元素及配置结构（图27），与中古中国境内佛教石窟寺的"武士（两侧）+ 对狮火坛（中间）+ 主尊（佛或菩萨像）+ 飞天（上部）"同。琐罗亚斯德教信徒亡后饮用灌蒿麻汁或以石榴果汁替代，意在死者灵魂的永垂不朽。这一图像便是琐罗亚斯德教该葬俗的表现，几乎可以说是中古中国粟特裔贵族墓葬丧葬图像的核心。实际上，这正是琐罗亚斯德教进入中亚地区以后"将佛似祆"做法的延续。现在看来，众所周知的和田丹丹乌里克 D.X.3 木板画正面神祇图像（图 28），恐应即该做法的表现。琐罗亚斯德教进入中亚地区，其战神的化身风神 Weshpakar 便借用了佛教摩醯首罗天的形象。在史君石堂南壁 S2、S4 的多臂神（图 29）仍以后者的形象来表现其战神。这都与此后唐宋文献中传达出来的中原地区祆教"将佛似祆"

图 27 虞弘石椁正面（不含椁顶）

图 28 丹丹乌里克 D.X.3 木板画
（大英博物馆藏）

图 29 史君石堂南壁四臂神浮雕
（局部）

的情况是一脉相承的[1]。

粟特及其后裔在中古中国的移居已经成为一个共识，他们的精神世界和生活方式为何，尽管此前也有文本及图像资料，但是毋庸置疑，这批粟特裔贵族墓葬的发掘大大丰富了我们对他们的理解。

对中古中国粟特裔石葬具及其图像的研究，首先要回归到这批石葬具的载体，最根本的基点是要回归到墓葬的建制上。从这个角度来观察这批墓葬，可能至少有如下五点是需要特别注意的。

第一点，这批粟特裔贵族的墓葬制度首先要受制于所辖的政权——北周、隋唐。这是中古中国粟特裔墓葬所反映的墓主的国家认同范畴，也是理解这批墓葬及其丧葬图像的一个根本立场和出发点。换言之，这是体现粟特裔贵族在国家政权中政治身份的重要方面，也是他们在丧葬

---

[1] 姚崇新：《敦煌及其周边的祆教艺术》，载姚崇新、王媛媛、陈怀宇《敦煌三夷教与中古社会》，甘肃教育出版社，2013 年，第 111—116 页。

中首要遵守的国家礼仪制度。

这些粟特裔贵族的墓葬形制、规模、葬具（石棺床或石堂）存在极大的相似性。这当然跟他们身为所辖王朝的萨宝（保）等官职有关。现已明晰，大天主、天主、萨宝、民酋（领民酋长）皆为中土王朝为管理外来种落而专设的官职，为该种落的政教首领。关于萨宝的官秩[①]，《隋书》卷二八《百官志》下云：

> 又有流内视品十四等：……
> 雍州萨保为视从七品。……
> 诸州胡二百户已上萨保为视正九品[②]。

又《隋书》卷二七《百官志》中，后齐官制：

> 鸿胪寺，掌蕃客朝会，吉凶吊祭。统典客、典寺、司仪等署令、丞。典客署，又有京邑萨甫二人，诸州萨甫一人[③]。

北魏至隋，凉州以东萨宝制度的一个特点便是本时期萨宝多来自粟特本土贵族，其家世可上溯至康国王族、史国王族及安氏、何氏诸贵族。萨宝府制度的两大特色：其一，开府而置官。其二，萨宝府统属其所分治的胡户[④]。他们不仅由此被纳入所辖王朝的官僚体制，更为重要的是，

[①] 关于萨宝的研究史可参：A. Fort, "The Sabao Question", *The Silk Roads Nara International Symposium*' 97, Record No.4, 1999, pp. 80-106. 荣新江：《萨保与萨薄：北朝隋唐胡人聚落首领问题的争论与辨析》，载叶奕良主编《伊朗学在中国论文集》（第三集），北京大学出版社，2003年，第128—136页；后收入所撰《中古中国与粟特文明》，第163—176页。
[②]《隋书》，中华书局，1973年，第790—791页。
[③]《隋书》，第756页。
[④] 姜伯勤：《中国祆教画像石的"语境"》，原载荣新江、李孝聪主编《中外关系史：新史料与新问题》，科学出版社，2004年；此据所撰《中国祆教艺术史研究》，第29—30页。

由此也决定了这批粟特裔贵族石葬具上的图像也是依照所辖王朝"墓主夫妇宴乐＋犊车、驼马出行"的丧葬图式来配置的。即"墓主夫妇宴乐"居北中，而"犊车、驼马出行"则分居两侧前（南）行。比如，这批石葬具图像中的狩猎场景在北朝墓葬建制中比比可见。依照考古学的理解，这种情况首先应跟该时期王朝墓葬壁画的上述建制联系起来，即该图像的出现首先应该是归于制度规定的结果。当然，狩猎出行图像在北朝时期的再度确定跟拓跋鲜卑的游牧习俗有关，而这同样也正是包括这些粟特裔贵族在内的内亚习俗。而在石葬具同一石屏中也会同时出现马匹、骆驼，则是墓葬壁画中驼马出行的变形；当然，该现象也见于内亚。进言之，在已发现的粟特壁画中，上述图像皆亦有之。可见，这些题材是中古中国及其粟特裔贵族共同的题材，二者可能都以此在讲述一个相同的故事。此恐即，生前狩猎的生活方式和以狩猎场景表现出行的制度。

需要指出的是，理解、复原这批石葬具的图像时，根据该原则也就有可能确定哪些图像元素是必须出现而没有出现，进而考察为什么没有出现。换言之，该原则是理解此类石葬具图像乃至复原某些排列次序已经错乱的此类石葬具图像的重要准则。

第二点，当然，中古中国粟特裔石葬具图像也有表现现实纪功的特点。如，从安伽墓石重床的内容来看，安伽墓主体图案（含门额）有13幅，其中6幅出现突厥人形象，多是表现与突厥的交往[1]。安伽石重床背屏图像中特意表现突厥人的形象，而且在天葬后复以突厥烧葬的形式下葬（图30），这是以突厥图像的反复出现以及突厥的丧葬形式来表现安伽生前跟突厥交往的功绩。这一点可以从虞弘石椁图像得以辅证。虞弘墓志记载墓主13岁时出使波斯、吐谷浑，所以其图像风格便选择了波斯风。这种纪功传统正是西亚、中亚乃至内亚的丧葬传统。至于石重床跟石堂

---

[1] 姜伯勤：《中国祆教艺术史研究》，第106—116页；荣新江：《中古中国与外来文明》，第124—130页。

图像内容出现现实性与神性的差别，则是因为后者为"众神的屋子"。这是史君墓双语题铭文中的粟特语部分给我们的启示。实际上，以图像来彰显墓主生前之功绩，也是在向君王表示忠诚。这一点跟墓主使用所辖政权的墓葬制度无别。

图30 安伽墓墓志及骨架出土位置焚烧状况

第三点，其实也是跟第一点相关联的。这就是在研究这批石葬具图像的过程中，要注意墓葬壁画、随葬品和葬具图像之间的转换，最为典型的案例便是天水石马坪石棺床图像。其背屏中雕绘的长廊实际是同时期墓葬影作木构壁画的变形（图31）。同时，由此墓例可以知道，这批石葬具图像元素确有相对固定的组合、配置，只不过有可能以不同的形式表现出来。这表明在研究这批石葬具图像时，用这批石葬具图像内部元素进行内证的方法极其重要。只有这样才不至于研究结论流于表面，甚而处于两难的窘境。同样地，可能只有如此也才有机会避免相关认识陷于偏颇的境地。

图 31 石马坪石棺床背屏

第四点，中古中国粟特裔贵族得以使用与其自身种族文化相契的石质葬具，在于他们因自身民族、宗教和政治的特殊身份得到朝廷蒙赏，被授予使用别敕葬[①]——亦即敕葬，一种看似凌驾于制度之外的墓葬制度。别敕葬的一项主要内容便是得以允许使用石质葬具[②]。

康业、安伽、史君、虞弘等粟特裔贵族在所辖王朝的政治身份基本相同，其墓葬规模、形制亦大体一致，葬具为围屏石榻或石棺椁，显得特殊。这批粟特裔贵族的墓葬形制、规模与已经发掘的北周高官贵戚没有太大的差别[③]。但是，安伽、康业、史君皆使用石门、围屏石榻或石椁，而后者却未能如此使用石材构件。这说明安伽等人的墓葬等级实际上还要比后者来得高。这显然跟他们在北周政治中所起的作用是分不开的。

---

① 齐东方：《试论西安地区唐代墓葬的等级制度》，载北京大学考古系编《纪念北京大学考古专业三十周年论文集（1952—1982）》，文物出版社，1990年，第289—295页；齐东方：《略论西安地区发现的唐代双室砖墓》，《考古》1990年第9期，第858—862、789页。
② 沈睿文：《夷俗并从——安伽墓和北朝烧物葬》，《中国历史文物》2006年第4期，第4—17页。
③ 北周高官贵戚的墓葬情况，参见安志编著：《中国北周珍贵文物》，陕西人民美术出版社，1993年。

比较北朝的墓葬等级制度，可知这批墓葬无疑是超乎一般皇室贵族的礼遇，不啻于身份显赫的标志。再从这些人的族属和政治身份来看，康业、安伽、史君等墓在北朝应该属于别敕葬之列。

实际上，此上四点皆可归结为中古中国粟特裔贵族遵守所辖王朝的墓葬制度①。这也是为何这批石葬具使用了中古中国表示出行的祥瑞图像系统。

不过，这里还需要回答一个问题：中古中国的粟特祆教徒使用墓葬的埋葬方式是否与其宗教信仰相悖？

琐罗亚斯德教（祆教）信徒是可使用墓葬的埋葬形式的。葛乐耐（Frantz Grenet）曾指出与古代伊朗宗教密切相关的葬俗的相关程式：

> 人死后"去除尸肉的仪式"分为三段时间进行。在该过程的第一段时间内——这只是在天气恶劣或时辰过晚而不能在人亡后立即将尸体运往尸肉处理场的情况下所做的规定——可以把尸体放在屋内挖成的坑穴中，或暂厝于专为这种用途而建造的室内。在第二阶段内，尸体被运到应暴露给食肉禽兽的地点。总的原则是，尸体被放置到尽可能高处，以确保有狗和噬腐肉的猛禽的光顾。……尸敛的最后阶段为处理去除肌肉之后的骨骸。当时有两种并行不悖的做法：一是骨骸留置原地，暴露于光天化日之下，因为尸肉已去，引起病疫的危险已被消除；二是加以收敛，安置到一个封闭的构筑物中，或放到一个叫做"骨瓮"的器皿之内。②

---

① 沈睿文：《论墓制与墓主国家和民族认同的关系——以康业、安伽、史君、虞弘诸墓为例》，载朱玉麒主编《西域文史》第6辑，科学出版社，2011年，第205—232页。
② Frantz Grenet, *Les pratiques funéraires dans l'Asie centrale sédentaire de la conquête grecque à l'islamisation*, Paris: CNRS, 1984, pp.34-37; Frantz Grenet, Les pratiques funéraires dans l'Asie centrale préislamique, Grand atlas de l'archologie, Paris: *Encyclopaedia universalis*, 1985, pp.236-237. 转引自张广达《祆教对唐代中国之影响三例》所做的概括，所撰《张广达文集·文本、图像与文化流传》，第241页。

而如果没有条件提供安息塔，可把尸体置于地上，放在毛毯和枕头上，让死者披着天宇的光芒，目朝太阳（*Vendîdâd Fargard* Ⅴ）①。据信，太阳之光成为亡者灵魂飞升天宇的途径。

巴托尔德认为祆教葬礼分三个阶段进行：一、人死后，将尸体暂时搁在专门的地点——喀塌（Kata）；二、将尸体搬进"寂静之塔"（Dakhma），安放在"曝尸台"上，以便让狗和鸟吃肉体；三、从"寂静之塔"取出尸骨，将其洗干净后，放入地表墓室——纳吾斯（Naus）里②。

可见，祆教信徒的骨骸除了放到骨瓮（纳骨器）之内，尚可安置到一个封闭的构筑物中。此"构筑物"在中亚便是一种名叫"纳吾斯"的建筑（图32、33），实与墓葬同。换言之，中古中国粟特祆教徒使用墓葬的形式与其宗教信仰并不相悖。

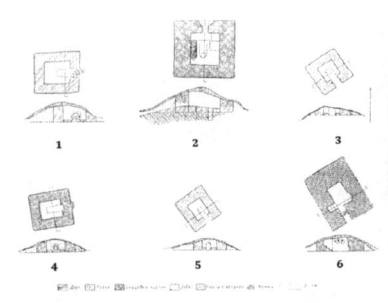

图 32 1948 年发掘片治肯特 1—6 号纳吾斯平剖面图

图 33 片治肯特 17—19 号纳吾斯（由右而左）

---

①*The Zend-Avesta*, Part Ⅰ, in *Sacred Books of the East*, vol. Ⅳ, Translated by James Darmesteter, The Oxford University Press, 1887, pp.73-74.
②V. V. Bartold, "Istorija kulturnoj žizni Turkestana", *Akademik V .V. Bartold Sočinenija*, T. Ⅱ, čast 1, Moskva, 1963, p.212; 转引自努尔兰·肯加哈买提：《碎叶考古与唐代中西文化交流》，北京大学博士学位论文，2007年，第173页。

第五点，关于葬具图像中蕴含的宗教风俗、观念和神话。这属于体现中古中国粟特裔贵族墓葬中反映墓主民族认同、文化认同的重要元素。其中有两种，一种是很明显的，即多半看起来很"奇异"的那一类；另一种则是不明显的。这两种情况都是关乎中古中国粟特裔贵族的民族认同问题。

关于第一种情况，如，对于这批石葬具这方面图像的解读，目前很大程度上是依赖史君石堂 E1—3 的图像。通过钦瓦特桥、殡马（诞马）、风神、妲厄娜及其侍者等等图像的判定可以对吉美博物馆所藏石重床的第 2 屏（图 5）进行释读[①]，如上所言，该屏表现的内容与史君石堂 E1—3 大体相同，只不过形式出现了变化。

关于第二种情况，就是所谓不明显的宗教习俗图像。其中最为典型的就是所谓宴饮的场景。仔细综合观察比较，在这批石葬具图像中，包括居中的夫妇宴乐图在内，在其他的宴饮场面中，都有一盏灯的存在。"灯"元素的存在表明场景发生在夜晚。这些图像中有些有胡旋舞者的存在；有些并没有舞者的存在；有些虽有舞者的存在，但所跳并非胡旋舞。根据唐代有关描述胡旋舞的诗歌可知，观赏胡旋舞都是在晚上，因此，此类图像可称作"夜宴"（图 34、35）[②]。值得注意的是，其中没有胡旋舞者出现的夜宴场景多在野外，而且场景中还要表现葡萄。如前所言，这应该跟希腊罗马酒神节中的野外狂欢有关，是与酒神狄俄尼索斯复活有关的仪式，恰也跟琐罗亚斯德教（祆教）的习俗相契。相关的仪式还有此类石葬具图像中的槽酿图。此外，在天水石马坪石棺床背屏 10 中下部可见冥河渡神卡戎在冥河阿刻戎（Acheron）上摆渡的场景。一如上具。

[①] 沈睿文：《吉美博物馆所藏石重床的几点思考》，载张小贵主编《三夷教研究——林悟殊先生古稀纪念论文集》，第 426—483 页。
[②] 沈睿文：《天水石马坪石棺床墓的若干问题》，载荣新江、罗丰主编《粟特人在中国：考古发现与出土文献的新印证》，第 466—500 页。

图 34-1 虞弘石椁椁壁浮雕第五幅摹本线图　图 34-2 虞弘石椁椁座独钓第五幅之灯具细部

图 35-2 安伽围屏石榻正面屏风第六幅之灯具局部

图 35-1 安伽围屏石榻正面屏风第六幅

第十讲：夷俗并从：北朝隋唐粟特的祆教信仰与丧葬

至此可见，北朝—隋这批粟特裔贵族葬具上的此类图像都是围绕着墓主永生、复活的主题。

综合视之，北朝—隋粟特裔贵族墓葬的建制都围绕着遵守所辖王朝的国家礼仪以及追求墓主的永生与复活的主题。

进入唐代，随着政府管理胡裔方式的改变，萨宝一职很快消失在人们的视野中（表2），入唐粟特裔袄教徒的丧葬也随之出现新变化。

表2 隋唐时期萨宝（保）情况统计表[①]

姓名	国别	时代	任职州县	萨宝（萨保）	其他官职	资料出处
虞弘	鱼国	隋	并州	萨保	领并、代、介三州乡团，检校萨保府	《隋虞弘墓志》[②]
康和	康国	隋	定州	萨宝		《隋康婆墓志》[③]
曹遵	隰城	初唐	介州	萨宝府车骑骑都尉		《曹君墓志》[④]
龙润	焉耆	殁于永徽六年九月十日		萨宝府长史		《唐龙君墓志》[⑤]
郑行谌		唐		萨保果毅		《新唐书》卷七五上《宰相世系表》[⑥]

从墓志来看，入唐粟特裔确实存在天葬的行为。从宁夏盐池窨子梁墓地M3所出墓志知，墓主粟特裔何府君"殁"后仅11天便迁窆，则

---

① 天水市在隋代属秦州天水郡。本表据杨军凯：《北周史君墓双语铭文及相关问题》，《文物》2013年第8期，第53页表一增订。该表后收入西安市文物保护考古研究院编著《北周史君墓》第197页表一"北朝、隋唐时期萨宝（保）情况统计表"。
② 山西省考古研究所、太原市考古研究所、太原市晋源区文物旅游局：《太原隋虞弘墓》，第91页。
③ 吴钢主编：《全唐文补遗》第6辑，三秦出版社，1999年，第240—241页。
④ 仲璋主编：《汾阳市博物馆藏墓志选编》，山西出版传媒集团·三晋出版社，2010年，第3页。
⑤ 《隋唐五代墓志汇编·山西卷》，天津古籍出版社，1991—1992年，第8页；吴钢主编：《全唐文补遗》第5辑，三秦出版社，1998年，第111页。
⑥ 《新唐书》，中华书局，1975年，第3306页。

此处的"迁窆"应可说明在此举之前有天葬的行为。

又如，康枕，"以显庆元年二月十八日先天而逝，春秋六十有五。夫人曹氏，……以永隆二年六月一日终于私第，春秋七十有五。还以其年八月六日改祔于邙山"①。"改祔"二字似可说明曹氏殁后起初并不葬于北邙夫君康枕墓穴，而其殁时距改祔康枕墓穴仅两个月零五天。这种状况很可能说明曹氏殁后首先是采用了天葬的形式处理尸骸。

《龙君墓志》载，永徽四年九月十日，龙润薨于安仁坊之第后，"潜灵殡室，待吉邀时。永徽六年二月廿日，附身附椁，必诚必信，送终礼备，与夫人何氏，合葬于并州城北廿里井谷村东义井村北"②。中土虽有将尸体暂厝的习俗，但龙润身为萨宝府长史，自当崇信祆教。由此种族文化视之，所谓"潜灵殡室"很可能便是为龙润举行天葬葬仪之后，再收其骨殖暂厝一处、择时合葬（二次葬）。于此，亦可知入唐祆教徒暂厝天葬所剩骨殖之处亦可称作"殡室"。

就目前情况而言，隋、初唐粟特裔祆教徒的墓葬表现有如下四种形式③：

第一种，如盐池窨子梁墓地④（图36—39）以及固原九龙山M33⑤（图40—42），此为传统的方式。窨子梁六座唐墓皆为依山开凿的平底墓道石室墓，皆为石棺床，被盗严重。这六座墓的墓葬形制、墓室结构基本一致，它们排列有序，显然是同一族属的墓葬。六座墓中有单人葬、双

---

① 《康枕墓志》，《全唐文补遗》第3辑，三秦出版社，1996年，第452—453页。
② 《龙君墓志》，周绍良、赵超主编《唐代墓志汇编续编》，上海古籍出版社，2001年，第75页。
③ 沈睿文：《太原金胜村唐墓再研究》，载《考古与艺术 文本与历史——丝绸之路研究新视野国际学术研讨会》，西安，2016年7月21日—23日，第604—624页。
④ 宁夏回族自治区博物馆：《宁夏盐池唐墓发掘简报》，《文物》1988年第9期，第43—56页。
⑤ 宁夏文物考古研究所：《宁夏固原九龙山隋墓发掘简报》，《文物》2012年第10期；宁夏文物考古研究所编著：《固原九龙山汉唐墓葬》，科学出版社，2012年。

人葬，还有多人聚葬于一室的现象，M4葬尸骨四具，M5尸骨多达十余具，应是一种聚族而葬的现象。M6墓向123度，其后龛头西脚东并置二尸骨。在葬俗方面，除M1使用木棺之外，其余各墓均未发现葬具。其中M4、5、6内的尸骨直接陈放在石棺床上或壁龛内。窨子梁墓地无棺葬于崖墓的方式为一种琐罗亚斯德教信徒传统的丧葬形式，为入唐粟特裔祆教徒所承继。固原九龙山M33墓主夫妇属于西方欧罗巴人种，采用无棺葬，为祖尔万教派的信徒[1]。种种迹象表明，祖尔万教派是中古中国粟特裔信奉的一个主要教派。也许信奉祆教中的异端祖尔万教派，是这批信徒东迁中古中国的一个主要原因。

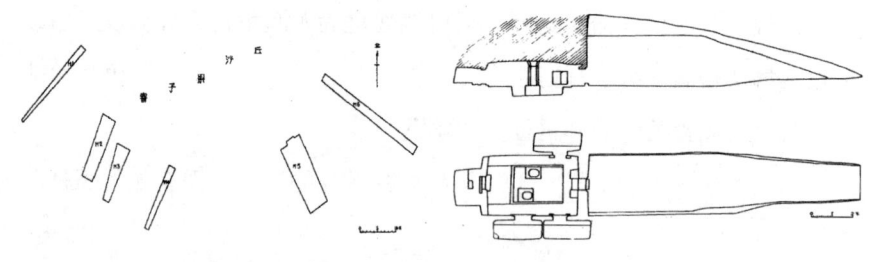

图36 盐池县窨子梁唐墓　　图37 盐池县窨子梁M3平剖面图

图38 盐池县窨子梁M3墓门　　图39 盐池县窨子梁M3墓室

---

[1] 陈婧修：《固原九龙山M33出土下颌托研究》，北京大学考古文博学院本科生学位论文，2016年。

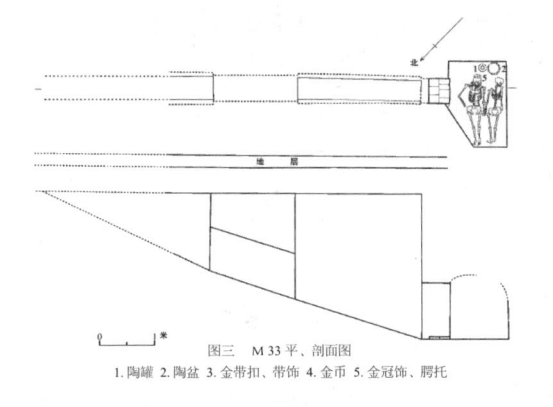

图 40 固原九龙山 M33 平剖面图

图 41 固原九龙山 M33 金冠饰出土状况

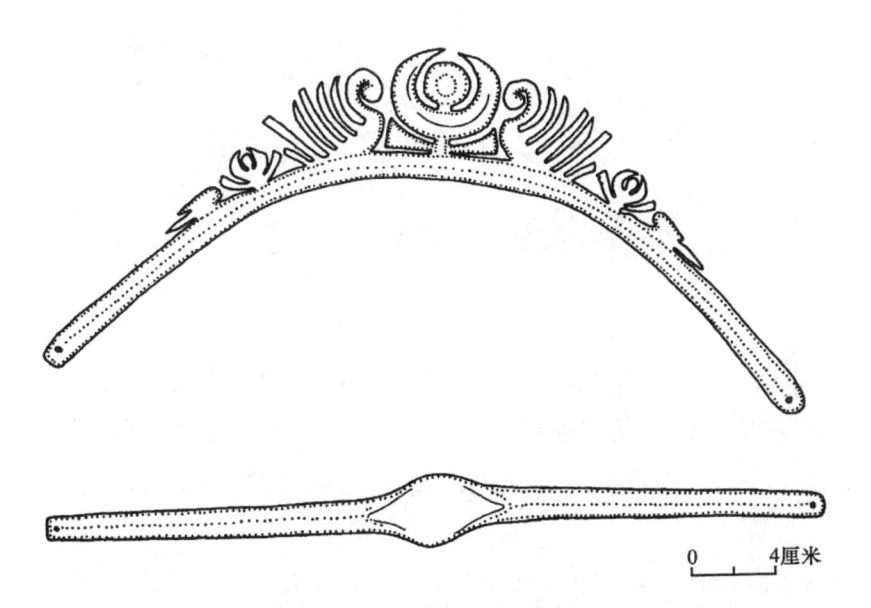

图 42 固原九龙山 M33 金冠饰线图

第十讲：夷俗并从：北朝隋唐粟特的祆教信仰与丧葬

第二种，如固原史氏家族墓地[①]（图43），对所辖王朝的国家认同，但亦不悖其种族文化。

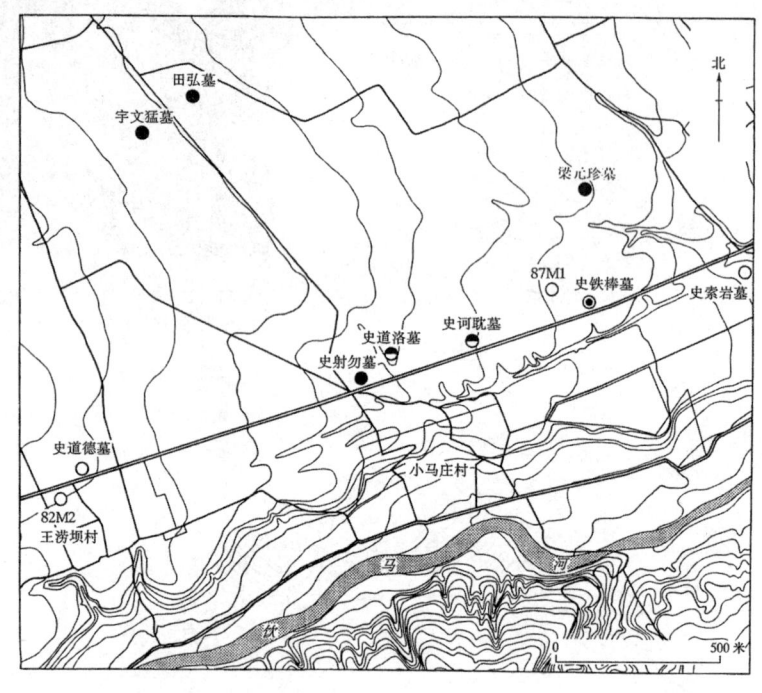

图43 固原史氏家族墓地

第三种，如太原金胜村唐墓的形式，介乎上述二者之间。太原金胜村唐墓为弧方形或方形单室砖墓，墓室多在4平方米左右，采用无棺葬的埋葬形式，棺床置于墓室北部，墓壁多绘制树下老人屏风画[②]，表现

[①] 罗丰：《固原南郊隋唐墓地》，文物出版社，1996年。
[②] 山西省文物管理委员会：《太原市金胜村第六号唐代壁画墓》，《文物》1959年第8期，第19—22页；山西省文物管理委员会：《太原南郊金胜村唐墓》，《考古》1959年第9期，第473—476页；山西省文物管理委员会：《太原南郊金胜村三号唐墓》，《考古》1960年第1期，第37—39页；山西省考古研究所：《太原市南郊唐代壁画墓清理简报》，《文物》1988年第12期，第50—58页；山西省考古研究所等：《太原金胜村337号唐代壁画墓》，《文物》1990年第12期，第11—15页；山西省考古研究所：《太原金胜村555号唐墓》，《文物季刊》1992年第1期，第24—26页。

忠义孝悌和归隐之意，墓顶则新出现帐幔的装饰①。这由初唐石质葬具的使用受到禁限、粟特裔官僚及时转换北朝—隋时的墓制形式所致。同时，唐政府对他们的恩外敕葬，又使得相关墓葬表现出高于墓主官职品级的状态。

第四种，如曹怡墓②（图44）。曹怡为入唐粟特裔，其父曹遵为唐朝介州萨宝府车骑骑都尉（从五品勋官），则曹遵应信奉祆教，如此同为骑都尉的曹怡应也信奉祆教。信奉祆教的曹怡在他处举行了天葬的仪式，骨骸全无，因此在墓室中未能收敛其骨骸。而天葬后骨骸全无的曹怡后人之所以仍为他修建了墓葬，展示其享受的政府待遇。这批墓葬的年代为初唐，集中于武周时期。

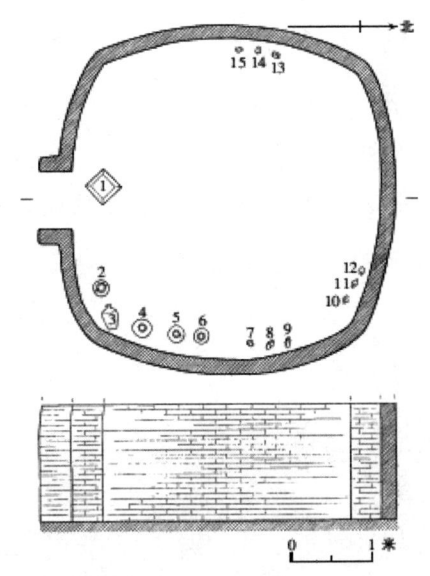

图44 曹怡墓平面图

---

① 赵超：《"树下老人"与唐代的屏风式墓中壁画》，《文物》2003年第2期，第69—81页；赵超：《从太原金胜村唐墓看唐代的屏风式壁画墓》，载陕西历史博物馆《唐墓壁画国际学术研讨会论文集》，三秦出版社，2006年，第199—208页；沈睿文：《唐墓壁画中的渊明嗅菊和望云思亲》，载上海博物馆主编《壁上观——山西的墓葬和寺观壁画》，北京大学出版社，2016年。
② 山西省考古研究所、汾阳市博物馆：《山西汾阳唐曹怡墓发掘简报》，《文物》2014年第11期，第28—32页。

武周之后，辨析入唐粟特裔祆教徒丧葬的难度加大，就目前的情况来看，可以确定的，除了安菩墓之外，尚有史思明和何弘敬两座墓葬。

唐代景龙年间，定远将军安菩夫妇的合葬墓采取墓道口朝北、墓室双棺床东西并置的方式[①]（图45）。这两种墓葬建制都跟中古中国的粟特裔丧葬有关。其中墓道口朝北便跟琐罗亚斯德教信徒对北方方位的看法，特别是教徒死尸头部不能朝北的习俗有关。墓主夫妇鉴定为欧罗巴人种的固原九龙山M33便采用墓道口朝北的方式。无独有偶，同时期墓道朝北的墓葬尚有两座。其一是，1955年在洛阳老城区北郊邙山岳家村发现的一座晚唐时期墓葬（M30）[②]（图46）。其二是，山西大同振华南街发现的一座长方形土坑唐墓（图47），墓主头向南。该墓随葬四件器物，有三彩器和白瓷器以及铜镜。铜镜纹样颇具异域色彩。该墓很可能也是一座胡裔墓葬[③]。如前所言，在安菩夫妇的合葬中还可见采用犬鹿相狎以及"原上旧无水，忽有涌泉自出"的葬仪。这表明在安菩夫妇合葬的过程中使用犬视以及对祆教战神和阿纳希塔祭祀的仪式。

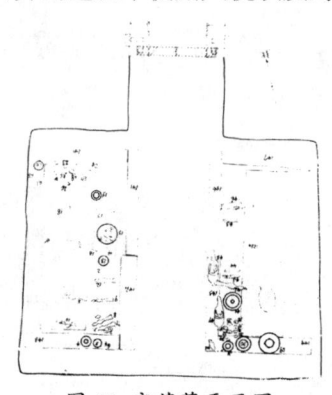

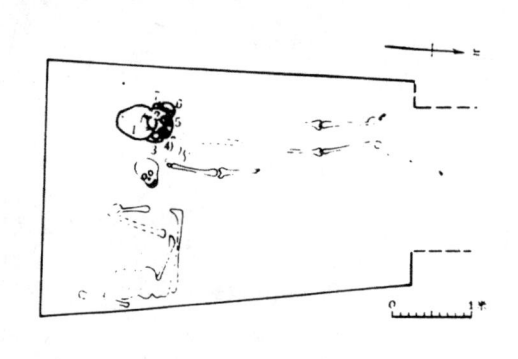

图45 安菩墓平面图　　　　图46 洛阳M30墓平面图

① 洛阳市文物工作队：《洛阳龙门唐安菩夫妇墓》，《中原文物》1982年第3期，第21—26、14页，图版三一九。
② 赵国璧：《洛阳发现的波斯萨珊王朝银币》，《文物》1960年第8、9期合刊，第94页；朱亮：《洛阳30号墓出土的三角缘画像镜》，《华夏考古》1994年第3期，第33—35页。
③ 白艳芳：《山西大同振华南街唐墓》，《文物》1998年第11期，第65—66页。

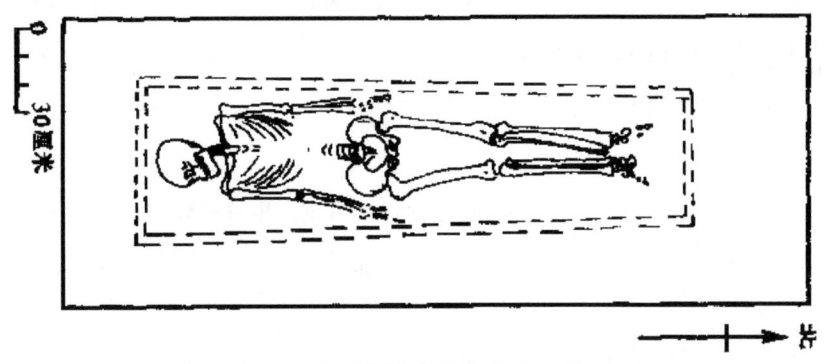

图 47 大同振华南街唐墓平面图

发动安史之乱的史思明陵寝为石室墓[①]（图48），可视作前中后三室的结构。这一方面是模仿唐王朝建立的帝陵石室规制，此与史思明建立燕国并称帝"大圣燕王"有关。另一方面可能跟粟特的祆教信仰有关。史思明墓的建制，虽有模仿唐代帝陵石室规制的意图，但是考虑到史思明的种族文化，恐也难逃有视之为"石坟"的用意在。

何弘敬，身为魏博节度使检校太尉兼中书令赠太师，其圆形墓室位于距现地表6米深的沙水中[②]，这说明当时墓葬是有意识地建筑于沙地上的。此与上述描述的置祆教徒于沙之上同。其墓底石板，除了有僭越制度的意味之外，也就有了祆教处理尸体的内涵。加上特意涂松香的木板，共同置于沙地

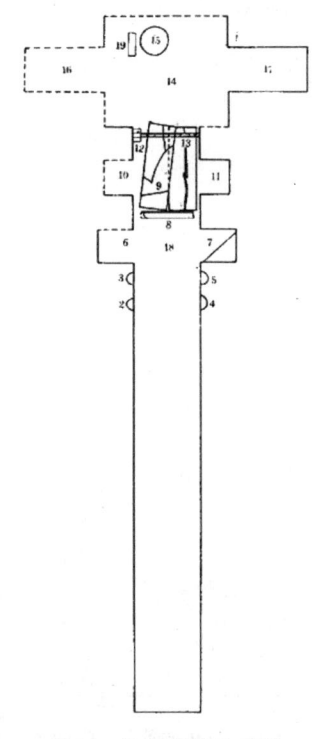

图 48 史思明墓平面图

---

① 北京市文物研究所：《北京丰台史思明墓》，《文物》1991年第9期，第28—39页。
② 邯郸市文管所：《河北大名县发现何弘敬墓志》，《考古》1984年第8期，第721页。

之上，显然跟防止尸体污染土壤的习俗有关，整座墓葬仿佛是有意模仿了安息塔（Dakhma）的结构。

到了唐玄宗开元年间，其丧葬令云：

> 大唐制，诸葬不得以石为棺椁及石室。其棺椁皆不得雕镂彩画、施户牖栏槛，棺内又不得有金宝珠玉[1]。

随着中央政府管理体制趋于严格，于是，石重床和石堂的葬具再也不见于粟特裔贵族的墓葬之中，而代之以其他方式，胡裔墓葬与墓主人种族文化的关系也进一步脱离[2]。借助墓葬元素判读墓主人种族文化是否变异（即其文化异化），也益加复杂。

---

[1]〔唐〕李林甫等撰，陈仲夫点校：《唐六典》卷一八，中华书局，1992年，第508页；《通典》卷八五《棺椁制》，中华书局，1988年，第2299页。对该令文的讨论，详王静：《唐墓石室规制及相关丧葬制度研究——复原唐〈丧葬令〉第25条令文释证》，载荣新江主编《唐研究》第14卷，北京大学出版社，2008年，第439—464页。

[2] 沈睿文：《中国古代物质文化史·隋唐五代》，第156—172页。